吉林人民出版社

清史稿

卷二〇一——卷二〇八

（九）

[民国] 赵尔巽等 撰
许凯等 标点

简体字本二十六史

清史稿卷二〇一

表第四一

疆臣年表五 各省巡抚

顺治元年甲申	顺天	天津	保定	宣府	山东	登莱	山西	河南																
	宋权五	雷兴十	王文奎	李鉴五	方大猷	陈锦七	马国柱	罗绣锦																

	月，命巡抚顺天如故。	月乙丑，巡抚天津。	七月壬子，巡抚保定。	月甲辰，巡抚宣府。	七月壬辰，巡抚山东。	月甲辰，巡抚登莱。	七月甲辰，巡抚山西。	七月壬子，巡抚河南。																
顺治二年乙酉	顺天	天津	保定	宣府	江宁	安庐池太	凤阳	山东	登莱	山西	河南	陕西	延绥	甘肃	宁夏	浙江	江西	郧阳	南赣汀韶	湖广	偏沅	操江		
	宋	雷	王	李	土	刘	赵	方	陈	马	罗	雷	王	黄	焦	萧	李	潘	苗	何	高	陈		

锡七月丁丑，提督操江兼巡抚。

斗光七月己未，巡抚偏沅。

鸣銮七月己未，巡抚湖广。

胙土十月丙申，巡抚南赣、汀、韶。

士良七月己未，抚治郧治。

翔凤十月丙午，巡抚江西。

起元十月丙午，巡抚浙江。

安民四月辛酉，巡抚宁夏。

图安四月辛酉，巡抚甘肃。

正志五月丁亥，巡抚延绥。

兴四月辛酉，巡抚陕西。

绣锦十一月壬子迁。甲寅，吴景

国柱十月癸未迁。丙午，申朝纪

锡七月丁丑调。乙卯，杨声远巡

大猷六月甲寅降。乙卯，丁文盛

福星五月庚寅，巡抚凤阳。十月

应宾七月乙卯，巡抚安庐池太。

国宝七月乙卯，巡抚江宁。

鉴二月己未迁。冯圣兆巡抚宣

文奎四月辛酉迁。郝晋巡抚保

兴四月辛酉调。张忻巡抚天津。

权

道巡抚河南。

巡抚山西。

抚登莱。

巡抚山东。

乙未罢。十一月戊寅，陈之龙代。

府。

定。甲戌，王文奎留任。五月庚寅

顺治三年丙戌		
顺天	宋权正月乙酉擢。	
天津	张忻	
保定	郝晋罢。十二月丙	迁。丁酉，郝晋代。
宣府	冯圣兆	
江宁	土国宝	
安徽	刘应宾十月甲申	
凤阳	陈之龙	
山东	丁文盛	
登莱	杨声远	
山西	申朝纪	
河南	吴景道	
陕西	雷兴	
延绥	王正志	
甘肃	黄图安七月戊辰	
宁夏	焦安民四月己卯	
浙江	萧起元	
江西	李翔凤十月甲申	
郧阳	潘士良二月乙未	
南赣汀韶	苗胙土十二月丙	
湖广	高士俊六月壬辰，	
偏沅	高斗光	
操江	陈锦	

湖广巡抚。

戊，刘武元巡抚南赣。赣。

免。

卒。章于天巡抚江西。

遇害。己亥，张尚宁夏巡抚。十月甲申，胡全才

罢。周伯达署甘肃巡抚。

罢。癸巳，李栖凤巡抚安徽。

戊，于清廉巡抚保定。

柳寅东二月戊子，巡抚顺天。

	顺治	四年丁亥
	顺天	柳寅东三月己未罢。耿焞巡抚顺天。
	天津	张忻九月戊申降。丁巳，李犹龙巡抚
	保定	于清廉
	江宁	土国宝二月丁酉降。三月己未，周伯
	安徽	李栖凤九月甲子降。十月庚午，王懩
	凤阳	陈之龙
	山东	丁文盛正月庚午罢。二月辛酉，张儒
	登莱	杨声远正月乙卯迁。辛酉，朱国柱巡
	山西	申朝纪七月癸丑迁。丙寅，祝世昌巡
	河南	吴景道
	陕西	雷兴正月乙卯，黄尔性巡抚陕西。
	延绥	王正志
	甘肃	周伯达三月己未调。八月辛卯，张文
	宁夏	胡全才
代。	福建	佟国鼐二月戊戌，巡抚福建。
	浙江	萧启元
	江西	章于天
	郧阳	潘士良二月丁酉免。三月己未，赵兆
	南赣	刘武元
	湖广	高士俊
	偏沅	高光斗十月戊寅降。癸未，线缙巡抚
	操江	陈锦十二月壬申迁。甲戌，李日芃巡

顺治五年戊子		
顺天	耿焞三月辛酉	
天津	李犹龙八月乙	天津。
保定	于清廉	
江宁	周伯达闰四月	达巡抚江宁。刘令尹署。
安徽	王懩五月壬午	巡抚安徽。
凤阳	陈之龙五月辛	
山东	张儒秀二月己	秀巡抚山东。
登莱	朱国柱	抚登莱。
山西	祝世昌	抚山西。
河南	吴景道	
陕西	黄尔性	
延绥	王正志	
甘肃	张文衡六月癸	衡巡抚甘肃。
宁夏	胡全才二月壬	
福建	佟国鼐八月乙	
浙江	萧起元	
江西	章于天五月癸	
郧阳	赵兆麟	麟抚治郧阳。
南赣	刘武元	
湖广	高士俊闰月月	
偏沅	线缙	偏沅。
四川	李国英闰四月	抚操江。
操江	李日芃	

癸卯，巡抚四川。

己未，迟日益巡抚湖广。

未，朱延庆巡抚江西。

卯，张学圣巡抚福建。

辰罢。李鉴巡抚宁夏。

卯，周文叶巡抚甘肃。

巳罢。壬辰，吕逢春巡抚山东。

未降。壬午，赵福星巡抚凤阳。八月己酉，王一

调。己丑，刘弘遇巡抚安徽。

甲寅卒。五月壬午，土国宝巡抚江宁。

卯罢。夏玉巡抚天津。

迁。四月丁卯，杨国兴巡抚顺天。

	顺治六年己丑五月癸未，裁天津、凤阳、		
	顺天	杨国兴	
	保定	于清廉	
	江宁	土国宝	
	山东	吕逢春	九月丁巳降。丙寅，夏玉巡
	登莱	朱国柱	
品代。	山西	祝世昌	
	河南	吴景道	
	陕西	黄尔性	
	延绥	王正志	三月丁卯，因延安、榆林陷，
	甘肃	周文叶	
	宁夏	胡全才	二月戊午罢。李鉴巡抚宁
	福建	张学圣	
	浙江	萧起元	
	江西	朱延庆	
	郧阳	赵兆麟	
	南赣	刘武元	
	湖广	迟日益	
	偏沅	线缙	正月丁丑罢。辛巳，金廷献巡
	四川	李国英	
	广东	李栖凤	五月丙子，巡抚广东。
	广西	郭肇基	五月丙子，巡抚广西。
	操江	李日芃	

抚偏沅。

夏。

死之。四月癸丑，董宗圣巡抚延绥。

抚山东。

安徽巡抚。八月，直隶山东河南总督兼保定

巡抚。	顺治	七年庚寅
	顺天	杨国兴
	江宁	土国宝
	山东	夏玉
	登莱	朱国柱
	山西	祝世昌 二月甲午，刘宏遇巡抚山
	河南	吴景道
	陕西	黄尔性 五月甲寅降。七月壬戌，马
	延绥	董宗圣
	甘肃	石维昆 五月甲寅降。周文叶巡抚
	宁夏	李鉴
	福建	张学圣
	浙江	萧起元
	江西	朱延庆 九月庚午卒。
	郧阳	赵兆麟
	南赣	刘武元
	湖广	迟日益
	偏沅	金廷献
	四川	李国英
	广东	李栖凤
	广西	郭肇基 二月甲午，王一品巡抚广
	操江	李日芃

	顺治八年辛卯	
顺天	杨国兴	
江宁	土国宝十月丙辰罢。十	
山东	夏玉	
登莱	朱国柱	
山西	刘宏遇	西。
河南	吴景道	
陕西	马之先	之先巡抚陕西。
延绥	董宗圣	
甘肃	周文叶	甘肃。
宁夏	李鉴十二月辛亥卒。	
福建	张学圣	
浙江	萧起元	
江西	夏一鹗正月丙寅，巡抚	
郧阳	赵兆麟	
南赣	刘武元	
湖广	迟日益	
偏沅	金廷献	
四川	李国英	
广东	李栖凤	
广西	王一品十二月丁卯病	西。
操江	李日芃	

顺治	
顺天	
江宁	二月丁巳自缢。丁卯，周国佐巡抚江宁。
山东	
登莱	
山西	
河南	
陕西	
延绥	
甘肃	
宁夏	
福建	
浙江	
江西	江西。
郧阳	
南赣	
湖广	
偏沅	
四川	
广东	
广西	免。
操江	

李日芃
陈维新正月乙酉，巡抚广西。
李栖凤
李国英
金廷献
迟日益
刘武元
赵兆麟
夏一鹗二月戊午卒。四月丙午，蔡士英巡抚
萧起元
张学圣
孙茂兰二月辛酉，巡抚宁夏。
周文叶
董宗圣
马之先
吴景道
刘宏遇
朱国柱
夏玉
周国佐
杨国兴九月壬申病免。甲申，王来用巡抚顺
九年壬辰四月丁未，裁登莱巡抚。

	顺治十年癸巳	
天。	顺天	王来用
	江宁	周国佐
	山东	夏玉
	山西	刘宏遇
	河南	吴景道八月丙戌，雷兴巡抚河南。
	陕西	马之先
	延绥	董宗圣
	甘肃	周文叶
	宁夏	孙茂兰
	福建	张学圣二月甲子罢。四月丙午，佟
	浙江	萧起元
	江西	蔡士英
江西	郧阳	赵兆麟正月癸未病免。庚寅，朱国
	南赣	刘武元闰六月戊子病免。七月辛
	湖广	迟日益
	偏沅	金廷献十一月戊申病免。十二月
	四川	李国英
	广东	李栖凤
	广西	陈维新
	操江	李日芃

		顺治十一年甲午
顺天		王来用八月戊
江宁		周国佐八月庚
山东		夏玉二月庚午
山西		刘宏遇二月庚
河南	十一月戊申，亢得时代。	亢得时
陕西		马之先四月迁。
延绥		董宗圣九月壬
甘肃		周文叶
宁夏		孙茂兰二月庚
福建	国器巡抚福建。	佟国器
浙江		萧起元降。四月
江西		蔡士英
郧阳	柱抚治郧阳。	朱国柱二月庚
南赣	丑，宜永贵巡抚南赣。	宜永贵
湖广		迟日益二月庚
偏沅	癸亥，冯圣兆巡抚偏沅。	袁廓宇正月己
四川		李国英
广东		李栖凤
广西		陈维新十月癸
操江		李日芃

	顺治十二	
寅降。九月丙申，董天机巡抚直隶。	顺天	董天
午免。甲戌，张中元巡抚江宁。	江宁	张中
降。壬午，耿焞巡抚山东。	山东	耿焞
午降。壬午，陈应泰巡抚山西。	山西	陈应
	河南	亢得
陈极新巡抚陕西。	陕西	陈极
子，冯圣兆巡抚延绥。	延绥	冯圣
	甘肃	周文
午免。壬午，黄图安巡抚宁夏。	宁夏	黄图
	福建	佟国
丁亥，秦世祯巡抚浙江。	浙江	秦世
	江西	蔡士
午病免。己酉，胡全才抚治郧阳。	郧阳	胡全
	南赣	宜永
午罢。壬午，林天擎巡抚湖广。	湖广	林天
西，巡抚偏沅。	偏沅	袁廓
	四川	李国
	广东	李栖
西免。	广西	于时
	操江	李日

芃	十一月卒。十二月甲戌，秦世祯巡抚操江。
既	正月癸卯，巡抚广西。
凤	
英	
宇	
擎	
贵	三月庚子调。佟国器巡抚南赣。
才	
英	二月降。郎廷佐巡抚江西。
祯	十二月甲戌调。陈应泰巡抚浙江。
器	三月庚子调。宜永贵巡抚福建。
安	
叶	
兆	
新	
时	
泰	十二月甲戌调。白如梅巡抚山西。
元	
机	
年	乙未

顺治十三年丙申	
顺天	董天枢
江宁	张中元
山东	耿焞
山西	白如梅
河南	亢得时
陕西	陈极新
延绥	冯圣兆
甘肃	周文叶七月乙卯病免。戊午，佟延年巡
宁夏	黄图安
福建	宜永贵闰五月癸丑病免。己未，刘汉祚
浙江	陈应泰
江西	郎廷佐闰五月己未迁。丙寅，张朝璘巡
郧阳	胡全才十月甲午迁。丙申，张尚抚治郧
南赣	佟国器
湖广	林天擎九月己巳降。十一月丙寅，张长
偏沅	袁廓宇
四川	李国英
广东	李栖凤
广西	于时跃
操江	秦世祯九月己巳降。十月丁丑，蒋国柱

提督操江，巡抚安徽。	操江	蒋国柱
	广西	于时跃
	广东	李栖凤
	四川	李国英 九月辛丑
	偏沅	袁廓宇
庚巡抚湖广	湖广	张长庚
	南赣	佟国器
阳。	郧阳	张尚
抚江西。	江西	张朝璘
	浙江	陈应泰
巡抚福建。	福建	刘汉祚
	宁夏	黄图安
抚甘肃。	甘肃	佟延年
	延绥	冯圣兆
	陕西	陈极新
	河南	亢得时 九月辛丑
	山西	白如梅
	山东	耿焞
	江宁	张中元
	顺天	董天极
	顺治十四年丁酉	

顺治十五年戊戌		
顺天	董天极 十月	
保定	潘朝选 七月	
江宁	张中元	
山东	耿焞 十二月	
山西	白如梅	迁。丙午，贾汉复巡抚河南。
河南	贾汉复	
陕西	陈极新	
延绥	冯圣兆 正月	
甘肃	佟延年	
宁夏	黄图安	
福建	刘汉祚	
浙江	陈应泰 五月	
江西	张朝璘	
郧阳	张尚	
南赣	佟国器 六月	
湖广	张长庚	
偏沅	袁廓宇	迁。癸丑，高民瞻巡抚四川。
四川	高民瞻	
广东	李栖凤 六月	
广西	于时跃	
贵州	赵廷臣 六月	
操江	蒋国柱	

辛未，巡抚贵州。

辛巳迁。七月己酉，董应魁巡抚广东。

壬寅调。苏宏祖巡抚南赣。

甲辰病免。六月壬寅，佟国器巡抚浙江。

甲寅养。丙寅，周召南巡抚延绥。

乙酉降。

己酉，巡抚保定。

壬午，祖重光巡抚顺天。天。

五月乙丑，裁直隶总督，分设顺天、保定二巡抚。

顺治	十六年己亥
顺天	祖重光
保定	潘朝选
江宁	张中元 正月丁巳病免。三月丙申，蒋
山东	许文秀 二月壬午，巡抚山东。
山西	白如梅
河南	贾汉复
陕西	陈极新 闰三月乙丑降。丁亥，张自德
延绥	周召南 二月庚寅罢。三月己亥，张仲
甘肃	佟延年
宁夏	黄图安 四月丁巳降。五月己巳，刘秉
福建	刘汉祚 休。正月丁酉，徐永祯巡抚福
浙江	佟国器
江西	张朝璘
郧阳	张尚
南赣	苏宏祖
湖广	张长庚
偏沅	袁廓宇
四川	高民瞻
广东	董应魁
广西	于时跃
云南	林天擎 正月癸卯，巡抚云南。
贵州	赵廷臣 正月癸丑，迁。卞三元巡抚贵
操江	蒋国柱 三月丙申，调。戊申，朱衣助提

贵州	
云南	督操江,巡抚安徽。八月癸巳,宜永贵代。
广西	州。
广东	
四川	
偏沅	
湖广	
南赣	
郧阳	
江西	
浙江	
福建	
宁夏	
甘肃	建。
延绥	政巡抚宁夏。
陕西	
河南	第巡抚延绥。
山西	巡抚陕西。
山东	
凤阳	
安徽	
江宁	国柱巡抚江宁。八月乙卯罢。
保定	
顺天	
顺治	

卞三元
林天擎正月甲申罢。三月甲戌，袁懋功巡抚
于时跃
董应魁
高民瞻七月己巳罢。九月甲子，佟凤彩巡抚
袁廓宇
张长庚六月戊子，杨茂勋巡抚湖广。
苏宏祖
张尚二月甲戌免。四月癸卯，白秉真抚治郧
张朝璘
佟国器二月辛丑罢。三月甲子，史纪功巡抚
徐永祯
刘秉政
佟延年
张仲第
张自德三月癸酉免。四月丙申，张瑃巡抚陕
贾汉复六月庚子免。八月丁亥，彭有义巡抚
白如梅
许文秀
林起龙二月壬寅，巡抚凤阳。
宜永贵
朱国治正月丙寅，巡抚江宁。
潘朝选三月甲戌免。四月丙申，刘祚远巡抚
祖重光
十七年庚子

顺治	顺天	保定	江宁	安徽	凤阳	山东	山西	河南	陕西	延绥	甘肃	宁夏	福建	浙江	江西	郧阳	南赣	湖广	偏沅	四川	广东	广西	云南	贵州
		保定。六月庚子免。九月壬申，王登联代。						河南。	西。					浙江。		阳。				四川。			云南。	

卞三元迁。九月乙未，罗绘锦贵州巡抚。
袁懋功
于时跃迁。十月乙丑，屈尽美广西巡抚。
董应魁三月休致。五月戊辰，卢兴祖广东巡
佟凤彩
袁廓宇闰七月己丑休。丁酉，周召南偏沅巡
杨茂勋迁。十二月癸酉，刘兆麒湖广巡抚。
苏宏祖
白秉真
张朝璘迁。九月癸巳，董卫国江西巡抚。
史纪功正月休致。四月丙午，朱昌祚浙江巡
徐永祯三月休致。四月丙午，许世昌福建巡
刘秉政
佟延年迁。十月乙丑，刘斗甘肃巡抚。
张仲第五月免。六月己卯，林天擎延绥巡抚。
张瑃
彭有义
白如梅迁。九月乙未，杨熙山西巡抚。
许文秀十月甲子罢。蒋国柱山东巡抚。
林起龙迁。十月乙丑，张尚贤凤阳巡抚。
宜永贵四月丙午病免。张朝珍安徽、操江巡
朱国治罢。十月辛酉，韩世琦江宁巡抚。
王登联
祖重光六月己卯，韩世琦顺天巡抚。十月辛

十八年辛丑十月辛酉，裁顺天巡抚。

	康熙元年壬寅九月壬午，裁延绥巡抚。	
西调。	保定	王登联
	江宁	韩世琦
	安徽	张朝珍
抚。	凤阳	张尚贤
	山东	蒋国柱
	山西	杨熙
	河南	彭有义二月辛亥休。庚申，张自德
	陕西	张瑃二月辛亥降。庚申，贾汉复陕
	延绥	林天擎九月壬午裁。
	甘肃	刘斗
	宁夏	刘秉政
	福建	许世昌
抚。	浙江	朱昌祚
抚。	江西	董卫国
	郧阳	白秉真二月庚申迁。己巳，王来任
	南赣	苏宏祖二月辛亥休。庚申，胡文华
	湖广	刘兆麒
	偏沅	周召南
抚。	四川	佟凤彩
	广东	卢兴祖
抚	广西	屈尽美十二月辛酉迁。
	云南	袁懋功
	贵州	罗绘锦

康熙二年癸		
保定	王登联	
江宁	韩世琦	
安徽	张朝珍	
凤阳	张尚贤	
山东	蒋国柱	
山西	杨熙	
河南	张自德	河南巡抚。
陕西	贾汉复	西巡抚。
甘肃	刘斗	
宁夏	刘秉政	
福建	许世昌	
浙江	朱昌祚	
江西	董卫国	
郧阳	王来任	
南赣	林天擎	郧阳抚治。
湖广	刘兆麒	南赣巡抚。九月丁未，林天擎代。
偏沅	周召南	
四川	佟凤彩	
广东	卢兴祖	
广西	屈尽美	
云南	袁懋功	
贵州	罗绘锦	

康熙	卯
保定	
江宁	
安徽	
凤阳	
山东	三月忧免。五月丁丑，周有德山东巡抚。
山西	
河南	
陕西	
甘肃	
宁夏	
福建	
浙江	
江西	
郧阳	
南赣	
湖广	
偏沅	
四川	十二月甲辰忧免。刘格四川巡抚。
广东	
广西	
云南	
贵州	

罗绘锦
袁懋功
屈尽美迁。正月甲戌，金光祖广西巡抚。
卢兴祖
刘格
周召南
刘兆麒
林天擎
王来任
董卫国
朱昌祚六月己酉迁。丙辰，蒋国柱浙江巡抚。
许世昌
刘秉政
刘斗
贾汉复
张自德
杨熙
周有德
张尚贤
张朝珍
韩世琦
王登联
三年甲辰四月戊申，裁郧阳抚治。

康熙	四年乙巳五月丁未，裁凤阳、宁夏、南赣
保定	王登联
江宁	韩世琦
安徽	张朝珍
凤阳	张尚贤
山东	周有德
山西	杨熙
河南	张自德
陕西	贾汉复
甘肃	刘斗
宁夏	刘秉政
福建	许世昌
浙江	蒋国柱
江西	董卫国
南赣	林天擎
湖广	刘兆麒
偏沅	周召南
四川	刘格
广东	卢兴祖二月癸未迁。三月甲午，王来任
广西	金光祖
云南	袁懋功
贵州	罗绘锦

广东巡抚。	贵州	罗绘锦
	云南	袁懋功
	广西	金光祖
	广东	王来任
	四川	刘格
	偏沅	周召南
	湖广	刘兆麒
	江西	董卫国
	浙江	蒋国柱
	福建	许世昌十一月丁丑免。癸未，
	甘肃	刘斗
	陕西	贾汉复
	河南	张自德
	山西	杨熙
	山东	周有德
	安徽	张朝珍
	江宁	韩世琦
	保定	王登联十二月庚申罢。
巡抚。	康熙五年丙午	

	康熙六年丁未	
	直隶	甘文焜正月丙戌,直
	江宁	韩世琦
	安徽	张朝珍
	山东	周有德十二月丁亥
	山西	杨熙
	河南	张自德
	陕西	贾汉复
	甘肃	刘斗
刘秉政福建巡抚。	福建	刘秉政
	浙江	蒋国柱
	江西	董卫国
	湖广	刘兆麒
	偏沅	周召南
	四川	刘格
	广东	王来任十一月丙辰
	广西	金光祖
	云南	袁懋功十一月癸亥
	贵州	罗绘锦十一月丙辰

康熙七年		
直隶	甘文	隶巡抚。
江宁	韩世	
安徽	张朝	
山东	周有	迁。
山西	杨熙	
河南	张自	
陕西	贾汉	
甘肃	刘斗	
福建	刘秉	
浙江	蒋国	
江西	董卫	
湖广	刘兆	
偏沅	周召	
四川	刘格	
广东	刘秉	罢。十二月丁亥，刘秉权广东巡抚。
广西	金光	
云南	李天	忧免。
贵州	佟凤	休。十二月辛卯，佟凤彩贵州巡抚。

彩	贵
浴正月戊申，云南巡抚。	云
祖	广
权	广
二月辛卯，更名张德地。	四
南	偏
麟正月戊申迁。壬戌，林天擎湖广巡抚。	湖
国	江
柱卒。十二月庚辰，范承谟浙江巡抚。	浙
政	福
	甘
夏正月癸亥召。白清额陕西巡抚。	陕
德十一月休致。	河
正月甲寅免。癸亥，觉罗阿塔山西巡抚。	山
德迁。正月乙卯，刘芳躅山东巡抚。	山
珍	安
琦	江
焜十二月己卯迁。庚寅，金世德直隶巡抚。	直
戊申	康

熙八年己酉	
隶	金世德
宁	韩世琦免。八月壬寅，马祐江宁巡抚。
徽	张朝珍
东	刘芳躅
西	觉罗阿塔九月癸丑降。十月乙丑，马雄镇
南	郎廷相三月丁酉，河南巡抚。
西	白清额九月丙申降。十月乙丑，达尔布陕
肃	刘斗
建	刘秉政
江	范承谟
西	董卫国
广	林天擎
沅	周召南八月甲子，卢震偏沅巡抚。
川	张德地
东	刘秉权
西	金光祖
南	李天浴
州	佟凤彩

康熙	九年	
直隶	金世	
江宁	马祐	
安徽	张朝	
山东	刘芳	
山西	达尔	山西巡抚。十一月己亥，达尔布代。
河南	郎廷	
陕西	鄂善	西巡抚。十一月己亥调。
甘肃	刘斗	
福建	刘秉	
浙江	范承	
江西	董卫	
湖广	林天	
偏沅	卢震	
四川	张德	
广东	刘秉	
广西	金光	
云南	李天	
贵州	佟凤	

彩	
浴	
祖	二月癸酉迁。马雄镇广西巡抚。
权	
地	
擎	七月壬午病免。八月乙未，董国兴湖广巡
国	
谟	
政	
四	月乙巳迁。五月癸亥，花善甘肃巡抚。
四	月乙巳，陕西巡抚。
相	
布	
躅	四月辛卯忧免。乙卯，袁懋功山东巡抚。
珍	
德	
庚	戌

抚。

康熙十年辛亥	
直隶	金世德
江宁	马祐
安徽	张朝珍五月壬戌忧免。六月丁亥，靳
山东	袁懋功调。七月己丑，张凤仪山东巡
山西	达尔布
河南	郎廷相
陕西	鄂善
甘肃	花善
福建	刘秉政
浙江	范承谟七月癸亥病免。丙子，袁懋功
江西	董卫国
湖广	董国兴
偏沅	卢震
四川	张德地罢。六月己酉，罗森四川巡抚。
广东	刘秉权
广西	马雄镇
云南	李天浴四月己酉养。五月辛未，朱国
贵州	佟凤彩正月丙寅养。庚辰，曹申吉贵

州巡抚。

治云南巡抚。

浙江巡抚。丁未，范承谟留任。

抚。丁未，袁懋功留任。十一月壬子，张凤仪代。

辅安徽巡抚。

康熙	十一年壬子
直隶	金世德
江宁	马祜
安徽	靳辅
山东	张凤仪
山西	达尔布
河南	郎廷相七月辛未忧免。闰七月丙戌，佟
陕西	鄂善迁。四月癸卯，阿席熙陕西巡抚。
甘肃	花善
福建	刘秉政
浙江	范承谟十月壬子迁。丁卯，田逢吉浙江
江西	董卫国
湖广	董国兴正月休致。三月庚申，徐化成湖
偏沅	卢震
四川	罗森
广东	刘秉权
广西	马雄镇
云南	朱国治
贵州	曹申吉

	康熙十二年癸丑	
	直隶	金世德
	江宁	马祐
	安徽	靳辅
	山东	张凤仪十一月戊辰，赵
	山西	达尔布
凤彩河南巡抚。	河南	佟凤彩
	陕西	阿席熙六月甲寅迁。七
	甘肃	花善
	福建	刘秉政
巡抚。	浙江	田逢吉
	江西	董卫国
广巡抚。	湖广	徐化成五月庚寅降。六
	偏沅	卢震
	四川	罗森
	广东	刘秉权
	广西	马雄镇
	云南	朱国治十二月丙辰，吴
	贵州	曹申吉十二月丁巳从

贼。	贵州	
三桂叛，被杀。	云南	
	广西	马雄镇二月
	广东	刘秉权
	四川	罗森正月己
	偏沅	卢震罢。二月
月壬寅，张朝珍湖广巡抚。	湖广	张朝珍
	江西	董卫国迁。七
	浙江	田逢吉十一
	福建	刘秉政三月
	甘肃	花善
月辛未，杭爱陕西巡抚。	陕西	杭爱
	河南	佟凤彩十二
	山西	达尔布
祥星山东巡抚。	山东	赵祥星
	安徽	靳辅
	江宁	马祐
	直隶	金世德
	康熙十三年甲寅	

辛酉，孙延龄反，被执。六月乙卯，陈洪明广西

丑降贼。二月丁未，张德地四川巡抚。
乙未，韩世琦偏沅巡抚。

月癸未，白色纯江西巡抚。
月庚午病免。达都浙江巡抚。十二月乙巳，陈
庚辰降贼。七月癸未，杨熙福建巡抚。

月庚戌乞休，复留。

	贵州	
	云南	
巡抚。	广西	陈洪明
	广东	刘秉权卒。正月癸酉，佟养钜广
	四川	张德地
	偏沅	韩世琦
	湖广	张朝珍
	江西	白色纯卒。十一月壬午，郎廷相
秉直代。	浙江	陈秉直
	福建	杨熙
	甘肃	花善
	陕西	杭爱
	河南	佟凤彩
	山西	达尔布
	山东	赵祥星
	安徽	靳辅
	江宁	马祐
	直隶	金世德
	康熙十四年乙卯	

	贵州	
	云南	
	广西	陈洪明四月
	广东	佟养钜四月
东巡抚。	四川	张德地
	偏沅	韩世琦
	湖广	张朝珍
	郧阳	杨茂勋五月
江西巡抚。丁酉，佟国桢代。	江西	佟国桢
	浙江	陈秉直
	福建	杨熙
	甘肃	花善
	陕西	杭爱
	河南	佟凤彩
	山西	达尔布罢。十
	山东	赵祥星
	安徽	靳辅
	江宁	马祐卒。七月
	直隶	金世德
	康熙十五年丙辰，	

康熙十六年丁巳		复设郧阳抚治。
直隶	金世德	
江宁	慕天颜	癸卯，慕天颜江宁巡抚。
安徽	靳辅 迁。三月	
山东	赵祥星	
山西	图克善	月乙丑，图克善山西巡抚。
河南	佟凤彩 卒。董	
陕西	杭爱	
甘肃	花善 卒。七月	
福建	杨熙	
浙江	陈秉直	
江西	佟国桢	
郧阳	杨茂勋	乙酉，郧阳抚治。
湖广	张朝珍	
偏沅	韩世琦	
四川	张德地	
广东	金俊 十二月	辛酉降贼。
广西	傅宏烈 五月	辛酉降贼。
云南		
贵州		

康熙十七年戊午		
直隶	金世德	
江宁	慕天颜	
安徽	徐国相	戊子，徐国相安徽巡抚。
山东	赵祥星	
山西	图克善	
河南	董国兴	国兴七月甲辰，河南巡抚。
陕西	杭爱	
甘肃	鄂善	丙申，鄂善甘肃巡抚。
福建	杨熙五月戊	
浙江	陈秉直	
江西	佟国桢	
郧阳	杨茂勋	
湖广	张朝珍	
偏沅	韩世琦	
四川	张德地	
广东	金俊	己巳，广东巡抚。
广西	傅宏烈	乙西，广西巡抚。
云南		
贵州		

康熙十八年己		
直隶	金世德	
江宁	慕天颜	
安徽	徐国相	
山东	赵祥星免。	
山西	图克善	
河南	董国兴	
陕西	杭爱	
甘肃	鄂善五月	
福建	吴兴祚	申休。癸丑，吴兴祚福建巡抚。
浙江	陈秉直八	
江西	佟国桢五	
郧阳	杨茂勋四	
湖广	张朝珍	
偏沅	韩世琦	
四川	张德地	
广东	金俊	
广西	傅宏烈十	
云南	李天浴二	
贵州	杨雍建二	

康熙	未
直隶	
江宁	
安徽	
山东	八月辛未，施维翰山东巡抚。
山西	
河南	
陕西	
甘肃	甲寅罢。六月庚午，巴锡甘肃巡抚。
福建	
浙江	月甲戌免。九月戊戌，李本晟浙江巡抚。
江西	月甲寅罢。六月庚午安世鼎江西巡抚。
湖广	月丙寅迁。
偏沅	
四川	
广东	
广西	二月甲戌差。麻勒吉署广西巡抚。
云南	月辛巳，云南巡抚。
贵州	月辛巳，贵州巡抚。

杨雍建
李天浴 六月乙未，伊辟云南巡抚。
麻勒吉 十二月庚戌，郝浴广西巡抚。抚。
金俊
张德地 罢。正月癸丑，杭爱四川巡抚。
韩世琦
张朝珍 卒。四月己巳，王新命湖广巡抚。
安世鼎
李本晟
吴兴祚
巴锡
杭爱 调。二月甲子，鄂恺陕西巡抚。
董国兴
图克善 八月壬午病免。闰八月壬辰，穆尔赛
施维翰
徐国相
慕天颜
金世德 二月辛酉病休。乙亥，于成龙直隶巡
十九年庚申 二月辛巳，裁郧阳抚治。

	贵州	杨雍建
	云南	伊辟卒。六月壬辰，王继文云
	广西	郝浴
	广东	金俊十二月辛丑，李士桢广
	四川	杭爱
	偏沅	韩世琦
	湖广	王新命
	江西	安世鼎四月辛丑，刘如汉江
	浙江	李本晟
	福建	吴兴祚
	甘肃	巴锡
	陕西	鄂恺
	河南	董国兴
山西巡抚。	山西	穆尔赛
	山东	施维翰
	安徽	徐国相
	江宁	慕天颜降。十二月癸卯。余国
抚。	直隶	于成龙十二月癸卯迁。
	康熙二十年辛酉	

南巡抚。

东巡抚。

西巡抚。五月忧免。丙寅，李士桢代。十二月辛

桂江宁巡抚。

	康熙	二十一年壬戌
	直隶	格尔古德正月乙亥，直
	江宁	余国柱
	安徽	徐国相
	山东	施维翰十一月戊辰迁。
	山西	穆尔赛
	河南	董国兴二月丙戌调。王
	陕西	鄂恺
	甘肃	巴锡
	福建	吴兴祚二月丙戌，董国
	浙江	李本晟卒。六月甲辰，王
丑调。佟康年代。	江西	佟康年
	湖广	王新命
	偏沅	韩世琦
	四川	杭爱
	广东	李士桢
	广西	郝浴
	云南	王继文
	贵州	杨雍建

贵州	杨雍建	
云南	王继文	
广西	郝浴卒。	
广东	李士桢	
四川	杭爱卒。	
偏沅	韩世琦	
湖广	王新命	
江西	佟康年	
浙江	王国安	国安浙江巡抚。
福建	董国兴	兴福建巡抚。
甘肃	巴锡十	
陕西	鄂恺	
河南	王日藻	日藻河南巡抚。
山西	穆尔赛	
山东	李天浴	十二月乙亥，李天浴山东巡抚。
安徽	徐国相	
江宁	余国柱	
直隶	格尔古	隶巡抚。
康熙二十二		

十月己酉，施天裔广西巡抚。

八月壬戌，韩世琦四川巡抚。

调。九月癸酉，丁思孔偏沅巡抚。

卒。闰六月甲寅，安世鼎江西巡抚。

二月壬辰病免。三月丙辰，金𬭎福建巡抚。

一月丁亥迁。十二月丁未，叶穆济甘肃巡抚。

正月丁卯，徐旭龄山东巡抚。

德

年癸亥

康熙	二十三年甲子
直隶	格尔古德卒。八月庚子，阿哈达直隶巡
江宁	余国柱正月丙戌迁。丙寅，王新命江宁巡
安徽	徐国相迁。二月己酉，薛柱斗安徽巡抚。
山东	徐旭龄九月丙寅迁。辛巳，张鹏山东巡
山西	穆尔赛
河南	王日藻
陕西	鄂恺
甘肃	叶穆济
福建	金鋐
浙江	王国安迁。二月己酉，赵士麟浙江巡抚。
江西	安世鼎
湖广	王新命调。二月己未，慕天颜湖广巡抚。
偏沅	丁思孔
四川	韩世琦
广东	李士桢
广西	施天裔
云南	王继文
贵州	杨雍建八月癸亥迁。九月戊寅，慕天颜

康熙	二	
直隶	阿	抚。
江宁	汤	巡抚。五月甲申迁。六月乙卯，汤斌代。
安徽	薛	
山东	张	抚。
山西	穆	
河南	王	
陕西	鄂	
甘肃	叶	
福建	金	
浙江	赵	
江西	安	
湖广	石	九月戊寅迁。辛卯，石琳代。
偏沅	丁	
四川	韩	
广东	李	
广西	施	
云南	王	
贵州	慕	贵州巡抚。

天颜

继文

天裔二月甲辰罢。己未，范承勋广西巡抚。

士桢

世琦七月乙亥忧免。八月庚寅，姚缔虞四川

思孔

琳

世鼎

士麟

鋐

穆济

恺

日藻

尔赛九月壬申罢。丁亥，图纳山西巡抚。

鹏

柱斗

斌

哈达二月，崔澄直隶巡抚。

十四年乙丑

康熙二十五年丙寅	
直隶	崔澄二月辛卯降。丁酉，于成龙直
江宁	汤斌二月甲戌迁。四月丁亥，赵士
安徽	薛柱斗
山东	张鹏十月乙丑迁。十一月癸未，郎
山西	图纳九月乙巳迁。丁未，马齐山西
河南	王日藻七月癸未迁。丁酉，章钦文
陕西	鄂恺四月丙申降。癸卯，图尔赓陕
甘肃	叶穆济
福建	金鋐调。四月癸巳，张仲举福建巡
浙江	赵士麟四月丁亥调。金鋐浙江巡
江西	安世鼎
湖广	石琳调。十二月丙辰，张汧湖广巡
偏沅	丁思孔
四川	姚缔虞
广东	李士桢
广西	范承勋闰四月辛未迁。丙子，王起
云南	王继文十月庚辰忧免。十一月丁
贵州	慕天颜

巡抚。

	康熙二十六年丁卯	
隶巡抚。	直隶	于成龙
麟江宁巡抚。	江宁	赵士麟四月乙卯迁。
	安徽	薛柱斗五月癸卯迁。
永清山东巡抚。	山东	郎永清二月乙卯，钱
巡抚。	山西	马齐
河南巡抚。	河南	章钦文
西巡抚。	陕西	图尔宸正月癸卯迁。
	甘肃	叶穆济
抚。	福建	张仲举
抚。	浙江	金鋐
	江西	安世鼎十一月癸卯
抚。	湖广	张汧十二月乙丑罢。
	偏沅	丁思孔
	四川	姚缔虞
	广东	李士桢十一月壬午
元广西巡抚。	广西	王起元
西，石琳云南巡抚。	云南	石琳
	贵州	慕天颜三月乙未迁。

癸卯，马世济贵州巡抚。	贵州	马世济
	云南	石琳
	广西	王起元
休。丁酉，朱宏祚广东巡抚。	广东	朱宏祚
	四川	姚缔虞
	偏沅	丁思孔
柯永昇代。	湖广	柯永升
罢。十二月戊午，王隲江西巡抚。	江西	王隲三
	浙江	金鋐
	福建	张仲举
	甘肃	叶穆济
二月己酉，布雅努陕西巡抚。	陕西	布雅努
	河南	章钦文
	山西	马齐三
珏山东巡抚。抚。	山东	钱珏
六月辛亥，杨素蕴安徽巡抚。	安徽	杨素蕴
甲子，田雯江苏巡抚。	江宁	田雯调。
	直隶	于成龙
	康熙二十七	

三月庚寅迁。壬寅，田雯贵州巡抚。
六月壬寅，噶尔图四川巡抚。
调。二月甲子，兴永朝偏沅巡抚。
二月己酉，湖广巡抚。六月甲辰，夏包子作乱，
月乙未迁。四月丁未，宋荦江西巡抚。
调。三月甲申，伊图甘肃巡抚。
九月休致。十月癸卯，萨弼图陕西巡抚。
正月癸卯罢。二月甲寅，丁思孔河南巡抚。六
月乙亥迁。庚辰叶穆济山西巡抚。
调。十月戊申，江有良安徽巡抚。
四月癸丑，洪之杰江苏巡抚。
年戊辰

投井死。丁未，丁思孔代。九月戊戌迁。杨素蕴

月丁未调。阎兴邦河南巡抚。

代。

康熙二十八年己巳	
直隶	于成龙
江苏	洪之杰
安徽	江有良
山东	钱珏 十月癸酉免。戊寅，佛伦山东巡
山西	叶穆济
河南	阎兴邦
陕西	萨弼图
甘肃	伊图
福建	张仲举
浙江	金鋐 三月戊午罢。己未，张鹏翮浙江
江西	宋荦
湖广	杨素蕴 十月壬午罢。己亥，吴琠湖广
偏沅	兴永朝 五月壬子迁。丙辰，郑端偏沅
四川	噶尔图
广东	朱宏祚
广西	王起元
云南	石琳 七月己亥迁。戊午，王继文云南
贵州	田雯

		康熙二十九年庚午
	直隶	于成龙七月己亥迁。癸卯，郭世隆
	江苏	洪之杰五月辛丑罢。六月癸酉，郑
	安徽	江有良
抚。	山东	佛伦
	山西	叶穆济
	河南	阎兴邦
	陕西	萨弼图
	甘肃	伊图
	福建	张仲举六月庚辰罢。癸未，卞永誉
巡抚。	浙江	张鹏翮
	江西	宋荦
巡抚。	湖广	吴琠
巡抚。	偏沅	郑端调。六月癸未，于养志偏沅巡
	四川	噶尔图
	广东	朱宏祚
	广西	王起元
巡抚。	云南	王继文
	贵州	田雯

		康熙三十年辛未
直隶巡抚。	直隶	郭世隆
端江苏巡抚。	江苏	郑端
	安徽	江有良
	山东	佛伦
	山西	叶穆济
	河南	阎兴邦
	陕西	萨弼图
	甘肃	伊图十一月甲子迁。布喀
福建巡抚。	福建	卞永誉
	浙江	张鹏翮
	江西	宋荦
	湖广	吴琠
抚。	偏沅	于养志正月丙午，王梁偏
	四川	噶尔图
	广东	朱宏祚
	广西	王起元
	云南	王继文
	贵州	田雯八月戊申忧免。九月

癸丑，卫既齐贵州巡抚。	贵州	卫既齐十二月
	云南	王继文
	广西	王起元
	广东	朱宏祚迁。十二
	四川	噶尔图
沅巡抚。	偏沅	王梁
	湖广	吴琠九月庚戌
	江西	宋荦调。六月庚
	浙江	张鹏翮
	福建	卞永誉
甘肃巡抚。	甘肃	布喀调。二月癸
	陕西	萨弼图二月辛
	河南	阎兴邦调。十二
	山西	叶穆济
	山东	佛伦迁。十月壬
	安徽	江有良十二月
	江苏	郑端卒。六月庚
	直隶	郭世隆。
	康熙	三十一年壬申

己丑罢。甲午，阎兴邦贵州巡抚。

月丙申，江有良广东巡抚。

忧免。己巳，桑额湖广巡抚。十月壬辰调。癸巳，
辰，马如龙江西巡抚。

卯，吴赫甘肃巡抚。十月甲辰调。严泰代。
卯罢。癸卯，布喀陕西巡抚。十月己卯罢。甲辰，
月丙申，顾汧河南巡抚。

辰，桑额山东巡抚。
丙申调。
辰，宋荦江苏巡抚。

康熙三十二年癸酉		
直隶	郭世隆	
江苏	宋荦	
安徽	高承爵正月丙寅，安徽巡抚。	
山东	桑额	
山西	叶穆济二月庚寅病免。丙申，	
河南	顾汧	
陕西	吴赫	吴赫代。
甘肃	严泰	
福建	卞永誉	
浙江	张鹏翮	
江西	马如龙	
湖广	年遐龄	年遐龄代。
偏沅	王梁	
四川	噶尔图二月调。丙申，于养志	
广东	江有良十二月己丑罢。	
广西	王起元	
云南	王继文	
贵州	阎兴邦	

	康熙三十三年甲戌
	直隶郭世隆
	江苏宋荦
	安徽高承爵调。二月壬申,
	山东桑额
噶尔图山西巡抚。	山西噶尔图
	河南顾汧
	陕西吴赫十月丙申迁。党
	甘肃严泰
	福建卞永誉
	浙江张鹏翮
	江西马如龙
	湖广年遐龄
	偏沅王梁二月甲戌迁。丁
四川巡抚。	四川于养志
	广东高承爵正月甲子,广
	广西王起元
	云南王继文九月癸未迁。
	贵州阎兴邦

	贵州	阎兴邦
石文晟云南巡抚。	云南	石文晟
	广西	王起元
东巡抚。	广东	高承爵
	四川	于养志
亥，董国升偏沅巡抚。	偏沅	董国升七月乙丑
	湖广	年遐龄
	江西	马如龙
	浙江	张鹏翮
	福建	卞永誉
	甘肃	严泰卒。二月庚申，
爱陕西巡抚。	陕西	党爱
	河南	顾汧四月乙卯降。
	山西	噶尔图五月乙丑
	山东	桑额八月己酉迁。
佟国佐安徽巡抚。	安徽	佟国佐卒。九月乙
	江苏	宋荦
	直隶	郭世隆二月己亥
	康熙	三十四年乙亥

	贵州	阎兴邦
	云南	石文晟
	广西	王起元
	广东	高承爵忧
	四川	于养志
迁。杨凤起偏沅巡抚。	偏沅	杨凤起
	湖广	年遐龄
	江西	马如龙
	浙江	张鹏翮正
	福建	卞永誉
舒树甘肃巡抚。	甘肃	舒树十月
	陕西	党爱
己未，李辉祖河南巡抚。	河南	李辉祖迁。
罢。六月乙未，温保山西巡抚。	山西	温保十二
己未，杨廷耀山东巡抚。	山东	杨廷耀罢。
西，线一信安徽巡抚。	安徽	线一信调。
	江苏	宋荦
迁。丁未，沈朝聘直隶巡抚。	直隶	沈朝聘
	康熙三十五年	

康熙三十		丙子
直隶	沈朝	
江苏	宋荦	
安徽	陈汝	正月癸未，陈汝器安徽巡抚。
山东	李炜	八月丁未，李炜山东巡抚。
山西	倭伦	月辛卯忧免。倭伦山西巡抚。
河南	李国	七月癸亥，李国亮河南巡抚。
陕西	党爱	
甘肃	郭洪	丁未，郭洪甘肃巡抚。
福建	卞永	
浙江	线一	月癸未，线一信浙江巡抚。
江西	马如	
湖广	年遐	
偏沅	杨凤	
四川	于养	
广东	萧永	免。十二月戊戌，萧永藻广东巡抚。
广西	王起	
云南	石文	
贵州	阎兴	

邦
晟
元
谦
志
起
龄
龙
信十一月戊戌罢。辛丑，张勄浙江巡抚。
誉三月庚子忧免。四月己巳，宫梦仁福建巡
七月辛丑罢。丁未，喀拜甘肃巡抚。
三月丙申免。巴锡陕西巡抚。
亮
器
聘
六年丁丑

抚。

康熙三十七年戊寅	
直隶	沈朝聘二月壬申病免。于成龙直隶
江苏	宋荦
安徽	陈汝器十一月乙未免。庚子，李炜安
山东	李炜二月戊辰罢。壬申，李炜山东巡
山西	倭伦
河南	李国亮
陕西	巴锡十二月己未迁。贝和诺陕西巡
甘肃	喀拜
福建	宫梦仁十一月乙未免。庚子，张志栋
浙江	张勄
江西	马如龙
湖广	年遐龄
偏沅	杨凤起八月己未罢。辛未，金玺偏沅
四川	于养志
广东	萧永藻
广西	王起元
云南	石文晟
贵州	阎兴邦卒。三月戊寅，王燕贵州巡抚。

巡抚。

福建巡抚。

抚。

抚。三月乙酉病免。己丑，王国昌代。

徽巡抚。

巡抚。十一月丁酉迁。十二月辛丑，李光地代。

康熙三十八年己卯	
直隶	李光地
江苏	宋荦
安徽	李鈵
山东	王国昌
山西	倭伦七月乙酉降。己丑，噶礼山西巡抚。
河南	李国亮
陕西	贝和诺
甘肃	喀拜
福建	张志栋
浙江	张勄
江西	马如龙
湖广	年遐龄
偏沅	金玺
四川	于养志
广东	萧永藻
广西	王起元四月丙午降。辛酉，彭鹏广西巡抚。
云南	石文晟
贵州	王燕

	康熙	三十九年庚辰
	直隶	李光地
	江苏	宋荦
	安徽	李钢 五月甲辰病免。庚戌，高承爵安
	山东	王国昌
	山西	噶礼
	河南	李国亮 九月癸卯休。己酉，徐潮河南
	陕西	贝和诺 调。五月己酉，华显陕西巡抚。
	甘肃	喀拜 四月丁酉忧免。五月庚子，华显
	福建	张志栋 调。十月丁亥，梅销福建巡抚。
	浙江	张勄 十月辛巳休。张志栋浙江巡抚。
	江西	马如龙
	湖广	年遐龄
	偏沅	金玺
	四川	于养志 正月壬子免。齐世武署四川
	广东	萧永藻 十二月癸酉调。彭鹏广东巡
抚。	广西	彭鹏 十二月癸酉调。萧永藻广西巡
	云南	石文晟
	贵州	王燕

康熙	
直隶	
江苏	
安徽	徽巡抚。
山东	
山西	
河南	巡抚。
陕西	
甘肃	甘肃巡抚。五月己酉调。喀拜在任守制。
福建	
浙江	
江西	
湖广	
偏沅	
四川	巡抚。五月庚子，贝和诺代。
广东	抚。
广西	抚。
云南	
贵州	

四十年辛巳
李光地
宋荦
高承爵十月戊寅免。十二月戊午，喻成龙安
王国昌
噶礼
徐潮
华显迁。十月壬申，齐世武陕西巡抚。戊戌调。
喀拜十月戊辰罢。戊戌，齐世武甘肃巡抚。
梅鋗
张志栋
马如龙
年遐龄
金玺
贝和诺
彭鹏
萧永藻
石文晟
王燕

	康熙四十一年壬午	
	直隶	李光地
	江苏	宋荦
徽巡抚。	安徽	喻成龙
	山东	王国昌
	山西	噶礼
	河南	徐潮
鄂海代。	陕西	鄂海
	甘肃	齐世武
	福建	梅销
	浙江	张志栋调。正月己酉，赵申乔浙
	江西	马如龙卒。正月己酉，张志栋江
	湖广	年遐龄
	偏沅	金玺十二月乙未迁。赵申乔偏
	四川	贝和诺
	广东	彭鹏
	广西	萧永藻
	云南	石文晟
	贵州	王燕

康熙四十		
直隶	李光	
江苏	宋荦	
安徽	喻成	
山东	王国	
山西	噶礼	
河南	徐潮	
陕西	鄂海	
甘肃	齐世	
福建	梅销	
浙江	张泰	江巡抚。十二月乙未调。张泰交代。
江西	张志	西巡抚。
湖广	年遐	
偏沅	赵申	沅巡抚。
四川	贝和	
广东	彭鹏	
广西	萧永	
云南	石文	
贵州	王燕	

九月辛酉病免。壬申，高起龙贵州巡抚。

晟

藻

诺

乔

龄

栋

交

武

昌

龙四月戊戌迁。五月癸亥，刘光美安徽巡抚。

地

二年癸未

康熙四十三年甲申	
直隶	李光地
江苏	宋荦
安徽	刘光美
山东	王国昌正月辛酉免。赵世显山东巡抚。
山西	噶礼
河南	徐潮十月庚辰迁。戊子，赵宏燮河南巡
陕西	鄂海
甘肃	齐世武
福建	梅鋗十月乙酉迁。壬辰，李斯义福建巡
浙江	张泰交
江西	张志栋二月壬午罢。癸巳，李基和江西
湖广	年遐龄二月戊子病免。三月壬寅，刘殿
偏沅	赵申乔
四川	贝和诺二月癸酉迁。辛巳，能泰四川巡
广东	彭鹏卒。三月庚戌，石文晟广东巡抚。
广西	萧永藻
云南	石文晟调。三月戊辰，佟毓秀云南巡抚。
贵州	高起龙四月戊子病免。辛酉，于准贵州

巡抚。	贵州	于准调。十一月庚辰，陈诜
	云南	佟毓秀
	广西	萧永藻
	广东	石文晟八月戊午迁。九月
抚。	四川	能泰
	偏沅	赵申乔
衡湖广巡抚。	湖广	刘殿衡
巡抚。	江西	李基和留京。四月己丑，郎
	浙江	张泰交
抚。	福建	李斯义
	甘肃	齐世武
	陕西	鄂海
抚。	河南	赵宏燮调。十一月庚辰，汪
	山西	噶礼
	山东	赵世显
	安徽	刘光美
	江苏	宋荦十一月己巳迁。庚辰，
	直隶	李光地十一月己巳迁。赵
	康熙四十四年乙酉	

贵州巡抚。	贵州	陈诜
	云南	佟毓秀三月戊
	广西	萧永藻四月辛
甲申，范时崇广东巡抚。	广东	范时崇
	四川	能泰
	偏沅	赵申乔
	湖广	刘殿衡
廷极江西巡抚。	江西	郎廷极
	浙江	张泰交卒。二月
	福建	李斯义
	甘肃	齐世武
	陕西	鄂海
灏河南巡抚。	河南	汪灏
	山西	噶礼
	山东	赵世显
	安徽	刘光美
于准江苏巡抚。	江苏	于准
宏燮直隶巡抚。	直隶	赵宏燮
	康熙四十五年丙戌	

康熙	四十	
直隶	赵宏	
江苏	于准	
安徽	刘光	
山东	赵世	
山西	噶礼	
河南	汪灏	
陕西	鄂海	
甘肃	齐世	
福建	李斯	
浙江	王然	甲寅，王然浙江巡抚。
江西	郎廷	
湖广	刘殿	
偏沅	赵申	
四川	能泰	
广东	范时	
广西	梁世	亥迁。五月丙寅，梁世勋广西巡抚。
云南	郭琛	辰召。四月癸巳，郭琛云南巡抚。
贵州	陈诜	

康熙四十		六年丁亥
直隶	赵宏	燮
江苏	于准	
安徽	刘光	美
山东	赵世	显
山西	噶礼	
河南	汪灏	
陕西	鄂海	
甘肃	齐世	武
福建	张伯	义卒。三月戊寅，张伯行福建巡抚。
浙江	王然	
江西	郎廷	极
湖广	刘殿	衡
偏沅	赵申	乔
四川	能泰	
广东	范时	崇
广西	梁世	勋
云南	郭瑮	
贵州	陈诜	

十二月丁巳调。刘荫枢贵州巡抚。

勣

崇

乔

衡忧免。十二月丁巳，陈诜湖广巡抚。

极

十二月丁巳病休。黄秉中浙江巡抚。

行

武四月己酉迁。五月甲申，舒图甘肃巡抚。

显十一月癸未迁。十二月丁巳，蒋承锡山东

美

燮

七年戊子

巡抚。

康熙	四十八年己丑
直隶	赵宏燮
江苏	于准十一月壬午罢。张伯行江苏
安徽	刘光美九月丁丑降。叶九思安徽
山东	蒋承锡
山西	噶礼四月丙辰迁。苏克济山西巡
河南	汪灏九月辛未病免。戊寅，鹿祐河
陕西	鄂海
甘肃	舒图
福建	张伯行调。十一月丁亥，许嗣兴福
浙江	黄秉中
江西	郎廷极
湖广	陈诜
偏沅	赵申乔
四川	能泰八月己亥迁。乙巳，叶九思四
广东	范时崇
广西	梁世勋
云南	郭瑮
贵州	刘荫枢

康熙	四	
直隶	赵	
江苏	张	巡抚。
安徽	叶	巡抚。
山东	蒋	
山西	苏	抚。
河南	鹿	南巡抚。
陕西	鄂	
甘肃	舒	
福建	许	建巡抚。
浙江	黄	
江西	郎	
湖广	陈	
偏沅	赵	
四川	年	川巡抚。九月丁丑调。甲申，年羹尧代。
广东	范	
广西	梁	
云南	郭	
贵州	刘	

荫枢

璟十月丙子迁。吴存礼云南巡抚。

世勋

时崇八月庚寅迁。满丕广东巡抚。

羹尧

申乔十二月辛巳迁。

诜

廷极

秉中调。九月丙午，王度昭浙江巡抚。

嗣兴九月壬寅免。黄秉中福建巡抚。

图三月丁亥免。鄂奇甘肃巡抚。十月辛巳迁。

海十月丙子迁。癸未，雍泰陕西巡抚。

祐

克济

承锡

九思

伯行

宏燮

十九年庚寅

	康熙五十年辛卯	
	直隶	赵宏燮
	江苏	张伯行
	安徽	叶九思 七月辛亥迁。八月
	山东	蒋承锡
	山西	苏克济
	河南	鹿祐
	陕西	雍泰
癸未，乐拜代。	甘肃	乐拜
	福建	黄秉中 十月丙子罢。庚辰，
	浙江	王度昭
	江西	郎廷极
	湖广	陈诜 四月庚申迁。甲戌，刘
	偏沅	潘宗洛 正月辛亥，偏沅巡
	四川	年羹尧
	广东	满丕
	广西	梁世勋 八月辛酉调。陈元
	云南	吴存礼
	贵州	刘荫枢

龙广西巡抚。

抚

殿衡湖广巡抚。

绵奇福建巡抚。甲申忧免。十一月戊子，觉罗

辛酉，梁世勋安徽巡抚。

	康熙五十一年壬辰	
直隶	赵宏燮	
江苏	张伯行	
安徽	梁世勋	
山东	蒋承锡	
山西	苏克济	
河南	鹿祐	
陕西	雍泰	
甘肃	乐拜	
福建	觉罗满保	满保代。
浙江	王度昭	
江西	郎廷极十月丙寅迁。己巳，佟国	
湖广	刘殿衡	
偏沅	潘宗洛	
四川	年羹尧	
广东	满丕	
广西	陈元龙	
云南	吴存礼	
贵州	刘荫枢	

	康熙五十二年癸巳	
	直隶	赵宏燮
	江苏	张伯行
	安徽	梁世勋
	山东	蒋承锡
	山西	苏克济
	河南	鹿祐
	陕西	雍泰
	甘肃	乐拜
	福建	觉罗满保
	浙江	王度昭
勷江西巡抚。	江西	佟国勷
	湖广	刘殿衡
	偏沅	潘宗洛九月丁卯罢。李发
	四川	年羹尧
	广东	满丕
	广西	陈元龙
	云南	吴存礼
	贵州	刘荫枢

康熙	五十三	
直隶	赵宏燮	
江苏	张伯行	
安徽	梁世勋	
山东	蒋承锡	
山西	苏克济	
河南	鹿祐十	
陕西	雍泰	
甘肃	乐拜卒。	
福建	觉罗满	
浙江	王度昭	
江西	佟国勷	
湖广	刘殿衡	
偏沅	李锡正	甲湖南巡抚。十二月甲午忧免。
四川	年羹尧	
广东	满丕十	
广西	陈元龙	
云南	吴存礼	
贵州	刘荫枢	

十二月己巳忧免。乙亥，施世纶云南巡抚。

二月甲戌迁。壬辰，杨琳广东巡抚。

月甲子，湖南巡抚。十二月乙酉调。壬辰，陈璸

十二月乙亥迁。癸未，徐元梦浙江巡抚。

保

六月己卯，绰奇甘肃巡抚。

二月乙酉病休。李锡河南巡抚。

年甲午

康熙	五十四年乙未
直隶	赵宏燮
江苏	张伯行十一月乙卯免。十二月己巳，
安徽	梁世勋
山东	蒋承锡
山西	苏克济
河南	李锡
陕西	雍泰卒。六月丁亥，噶什图陕西巡抚。
甘肃	绰奇
福建	觉罗满保十一月癸卯迁。十二月丁
浙江	徐元梦
江西	佟国勷
湖广	刘殿衡
	代。
偏沅	陈瑸十二月丁卯调。李发甲偏沅巡
四川	年羹尧
广东	杨琳
广西	陈元龙
云南	施世纶十二月己巳迁。甘国璧云南巡
贵州	刘荫枢

		康熙五十五年丙申
	直隶	赵宏燮
吴存礼江苏巡抚。	江苏	吴存礼
	安徽	梁世勋十月壬辰迁。
	山东	蒋承锡九月庚午迁。
	山西	苏克济
	河南	李锡十一月丁巳迁。
	陕西	噶什图
	甘肃	绰奇
卯，陈瑸福建巡抚。	福建	陈瑸
	浙江	徐元梦
	江西	佟国勷
	湖广	刘殿衡
抚。	偏沅	李发甲
	四川	年羹尧
	广东	杨琳十月戊戌迁。王
	广西	陈元龙
抚。	云南	甘国璧
	贵州	刘荫枢三月戊午差。

闰三月戊辰，白潢贵州巡抚。十月甲辰，刘荫

子，法海广东巡抚。

十二月戊子，张圣佐河南巡抚。

李树德山东巡抚。

戊戌，李成龙安徽巡抚。

枢回任。	贵州	刘荫枢九月壬戌免。己卯，黄国
	云南	甘国璧
	广西	陈元龙
	广东	法海
	四川	年羹尧
	偏沅	李发甲卒。十一月癸丑，王之枢
	湖广	刘殿衡十二月卒。
	江西	佟国勷七月辛酉罢。丙子，白潢
	浙江	徐元梦正月壬午迁。二月辛卯，
	福建	陈瑸
	甘肃	绰奇
	陕西	噶什图
	河南	张圣佐
	山西	苏克济
	山东	李树德
	安徽	李成龙
	江苏	吴存礼
	直隶	赵宏燮
	康熙五十六年丁酉	

材贵州巡抚。	贵州	黄国材
	云南	甘国璧
	广西	陈元龙九月丙戌迁。十
	广东	法海十一月丁丑病免。
	四川	年羹尧
偏沅巡抚。	偏沅	王之枢
	湖广	张连登二月丙午，湖广
江西巡抚。	江西	白潢
朱轼浙江巡抚。	浙江	朱轼
	福建	陈瑸十一月乙酉卒。十
	甘肃	绰奇
	陕西	噶什图
	河南	张圣佐四月丁亥罢。五
	山西	苏克济
	山东	李树德
	安徽	李成龙
	江苏	吴存礼
	直隶	赵弘燮
	康熙五十七年戊戌	

康熙五十八年		
直隶	赵弘燮	
江苏	吴存礼	
安徽	李成龙	
山东	李树德	
山西	苏克济	
河南	杨宗义	月庚戌，杨宗义河南巡抚。
陕西	噶什图	
甘肃	绰奇十月	
福建	吕犹龙	二月壬寅，吕犹龙福建巡抚。
浙江	朱轼	
江西	白潢	
湖广	张连登	巡抚。
偏沅	王之枢	
四川	年羹尧	
广东	杨宗仁	乙酉，杨宗仁广东巡抚。
广西	宜思恭	一月乙酉，宜思恭广西巡抚。
云南	甘国璧	
贵州	黄国材十	

康熙	五十	己亥
直隶	赵宏	
江苏	吴存	
安徽	李成	
山东	李树	
山西	苏克	
河南	杨宗	
陕西	噶什	
甘肃	花善	丙辰差。花善署甘肃巡抚。
福建	吕犹	
浙江	朱轼	
江西	白潢	
湖广	张连	
偏沅	王之	
四川	年羹	
广东	杨宗	
广西	宜思	
云南	甘国	
贵州	金世	月甲寅免。戊辰，金世扬贵州巡抚。

扬
璧九月戊寅罢。杨名时署云南巡抚。十一月
恭卒。八月癸丑，高其倬广西巡抚。
仁
尧
枢
登
七月戊子迁。王企靖江西巡抚。
十一月戊寅迁。屠沂浙江巡抚。
龙
图
义
济
德
龙
礼
燮
九年庚子

																	壬午补。	
康熙六十年辛丑	直隶 赵宏燮	江苏 吴存礼	安徽 李成龙	山东 李树德	山西 苏克济 十二月丙子忧免。德音	河南 杨宗义	陕西 噶什图	甘肃 花善 九月丁巳降。十月辛未，卢	福建 吕犹龙	浙江 屠沂	江西 王企靖	湖广 张连登	偏沅 王之枢	四川 年羹尧 五月乙酉迁。色尔图署	广东 杨宗仁	广西 高其倬	云南 杨名时	贵州 金世扬

康熙六十一年壬寅		
直隶	赵宏燮六月丙子卒。赵	
江苏	吴存礼	
安徽	李成龙	
山东	李树德十月癸酉迁。谢	
山西	德音十二月壬戌，补山	署山西巡抚。
河南	杨宗义	
陕西	噶什图	
甘肃	卢询	询署甘肃巡抚。
福建	吕犹龙调。六月辛巳，石	
浙江	屠沂六月辛未病免。辛	
江西	王企靖	
湖广	张连登	
偏沅	王之枢	
四川	色尔图七月戊申，蔡珽	四川巡抚。
广东	杨宗仁十一月戊戌迁。	
广西	高其倬二月庚午迁。乙	
云南	杨名时	
贵州	金世扬	

西，孔毓珣广西巡抚。

年希尧署广东巡抚。

四川巡抚。抚。

巳，吕犹龙浙江巡抚。十月癸酉，李馥代。

文倬署福建巡抚。十月癸酉，黄国材代。

西巡抚。

赐履山东巡抚。十二月辛酉，另候简。黄炳代。

之垣署直隶巡抚。

	直隶	江苏	安徽	山东	山西	河南	陕西	甘肃	福建	浙江	江西	湖广	偏沅	四川	广东	广西	云南	贵州						
雍正元年癸卯	赵之垣二月辛未罢。李维钧直隶巡抚。	吴存礼三月辛丑罢。何天培署江苏巡	李成龙	黄炳	德音四月癸酉召。诺岷山西巡抚。	杨宗义正月癸丑忧免。牟钦元署河南	噶什图赴西宁。四月壬戌，范时捷署陕	卢询三月庚寅迁。傅德署甘肃巡抚。绰	黄国材	李馥	王企靖正月癸巳召。裴率度江西巡抚。	张连登正月癸巳召。纳齐哈湖北巡抚。	王之枢正月辛丑迁。魏廷珍湖南巡抚。	蔡珽	年希尧七月壬午补。	孔毓珣八月戊午，以广西总督兼管巡	杨名时	金世扬十一月丁酉迁。毛文铨贵州巡						

抚。

抚。

奇代。

西巡抚。

巡抚。二月戊午，稽曾筠署。三月辛卯，石文倬

抚。

	雍正	二年甲辰十月,改直隶巡抚为直隶
	直隶	李维钧十月己亥,改总督。
	江苏	何天培
	安徽	李成龙
	山东	黄炳闰四月丁亥迁。陈世倌山东巡
	山西	诺岷
代。	河南	石文倬调。八月庚寅,田文镜河南巡
	陕西	范时捷十一月甲寅召。石文倬陕西
	甘肃	绰奇十月己丑迁。辛卯,胡期恒甘肃
	福建	黄国材
	浙江	李馥二月戊午免。黄叔琳浙江巡抚。
	江西	裴率度
	湖北	纳齐哈
	湖南	魏廷珍六月庚寅罢。王朝恩湖南巡
	四川	蔡珽五月丙午免。塞尔图署四川巡
	广东	年希尧
	广西	孔毓珣四月丁未迁。李绂广西巡抚。
	云南	杨名时
	贵州	毛文铨

抚。六月庚子，王景灏代。

抚。

八月壬午免。佟吉图署。庚寅，石文倬调署。十

巡抚。

巡抚。

抚。

抚。

总督。

	贵州	毛文铨四月丁亥
	云南	杨名时十月庚寅
	广西	李馥八月庚寅迁。
	广东	年希尧四月丁丑
	四川	王景灏十二月乙
	湖南	王朝恩十月庚寅
	湖北	纳齐哈卒。五月丙
一月甲寅调。法海代。	江西	裴𢜑度
	浙江	法海六月己亥召。
	福建	黄国材七月癸亥
	甘肃	胡期恒三月癸亥
	陕西	石文倬四月己卯
	河南	田文镜
	山西	诺岷正月甲子免。
	山东	陈世倌
	安徽	李成龙八月甲戌
	江苏	何天培三月丙寅
雍正三年乙巳		

召。石礼哈署贵州巡抚。八月戊寅，张谦代。十
迁。鄂尔泰云南巡抚。杨名时仍兼管。
鄂尔泰广西巡抚。十月庚寅调。汪漋代。
迁。己卯，杨文乾广东巡抚
丑免。法敏四川巡抚。
迁。布兰泰湖南巡抚。
辰，法敏湖北巡抚。十二月乙丑调。李成龙兼。
甘国奎署浙江巡抚。八月丙寅，法敏署。十月
免。乙丑，毛文铨福建巡抚。
罢。岳钟琪兼理甘肃巡抚。四月己卯，石文倬
调。图理琛署陕西巡抚。
伊都立署山西巡抚。十月戊申迁。布兰泰代。
迁。魏廷珍安徽巡抚。
迁。张楷江苏巡抚。

一月癸亥，何世璂代。	贵州	何世
	云南	杨名
	广西	汪漋
	广东	杨文
	四川	法敏
	湖南	布兰
三月庚戌，纳齐哈假。杨宗仁兼署。	湖北	郑任
	江西	裴率
戊申，李卫代。	浙江	李卫
	福建	毛文
代。正月癸亥，胡期恒召。彭振翼署。	甘肃	石文
	陕西	图理
	河南	田文
庚寅，伊都立兼管巡抚。	山西	伊都
	山东	陈世
	安徽	魏廷
	江苏	张楷
	雍正四年	

璂

时

调。五月丁酉，甘汝来广西巡抚。八月癸未人

乾

十月丁丑调。马会伯四川巡抚。

泰

钥二月乙亥，湖北巡抚。十月乙酉迁。宪德代。

庚五月丁酉迁。汪漋江西巡抚。十月乙酉免。

铨十二月壬午迁。常赉福建巡抚。

焯

琛八月癸未召。岳钟琪兼署陕西巡抚。十月

镜

立三月丙午召。高成龄署山西巡抚。寻回任。

信九月庚子忧免。塞楞额署山东巡抚。

珍

八月癸未召。陈时夏署江苏巡抚。

丙午

				十一月辛卯调。德明代。		丁丑，法敏代。				迈柱署。十一月辛卯，伊都立代。					觐。韩良辅署。		
雍正五年丁	江苏	安徽	山东	山西	河南	陕西	甘肃	福建	浙江	江西	湖北	湖南	四川	广东	广西	云南	贵州
	陈时夏	魏廷珍	塞楞额	德明六	田文镜	法敏六	石文焯	常赉	李卫	伊都立	宪德五	布兰泰	马会伯	杨文乾	韩良辅	杨名时	何世璂

十月己丑入觐。祖秉圭署贵州巡抚。十一月
二月乙亥免。朱纲云南巡抚。
二月戊寅，补广西巡抚。九月丙寅免。阿克敦
二月癸亥假。常赉署广东巡抚。七月癸酉，阿
五月癸酉调。宪德四川巡抚。
五月癸酉调。王国栋湖南巡抚。
月癸酉调。马会伯湖北巡抚。
五月癸酉召。布兰泰江西巡抚。
钟保护甘肃巡抚。九月乙丑罢。十月己酉，莽
月戊戌免。张保陕西巡抚。十一月丁巳迁。西
月乙巳迁。觉罗石麟山西巡抚。
未

庚辰调。沈廷正代。	贵州	沈
	云南	朱
署。十一月庚辰，祖秉圭代。	广西	祖
克敦署。九月丙寅调。壬申，石礼哈署。	广东	石
	四川	宪
	湖南	王
	湖北	马
	江西	布
	浙江	李
	福建	常
鹄立署。	甘肃	莽
琳代。	陕西	西
	河南	田
	山西	觉
	山东	塞
	安徽	魏
	江苏	陈
	雍正	六

年戊申

时夏五月壬申免。张坦麟署江苏巡抚。八月

廷珍

楞额六月己丑迁。岳浚署山东巡抚。

罗石麟

文镜

琳十二月庚子免。张廷栋署陕西巡抚。

鹄立八月乙未免。刘世明甘肃巡抚。十月壬

赉正月壬戌调。朱纲福建巡抚。寻卒。十月壬

卫

兰泰八月甲申召。张坦麟署江西巡抚。

会伯

国栋

德

礼哈八月乙酉，傅泰署广东巡抚。

秉圭五月癸丑，金珙广西巡抚。

纲正月壬戌调。常赉云南巡抚。六月癸巳罢。

廷正六月癸巳调。张广泗贵州巡抚。辛丑差。

	雍正七年己酉	
甲申调。尹继善署。	江苏	尹继善二月丁丑,补
	安徽	魏廷珍
	山东	岳濬四月癸巳假。费
	山西	觉罗石麟
	河南	田文镜
	陕西	张廷栋二月戊寅,武
辰调。许容代。	甘肃	许容
辰,刘世明代。	福建	刘世明
	浙江	李卫三月丙寅入觐。
	江西	张坦麟闰七月甲戌
	湖北	马会伯四月壬寅差。
	湖南	王国栋九月癸酉召。
	四川	宪德十月癸卯,迈柱
	广东	傅泰
	广西	金珙
沈廷正代。	云南	沈廷正
沈廷正留署。	贵州	张广泗

兼理四川巡抚。

赵宏恩湖南巡抚。

赵宏恩署湖北巡抚。十一月丙子迁。费金吾

来京。谢旻署江西巡抚。

蔡仕舢署浙江巡抚。

格陕西巡抚。

金吾署山东巡抚。十二月甲寅，岳浚补。

江苏巡抚。王玑署。七月罢。彭维新署。

	雍正八年庚戌	
	江苏	尹继善
	安徽	魏廷珍五月戊辰调。程元章安徽巡
	山东	岳浚十月甲子召。王国栋署山东巡
	山西	觉罗石麟
	河南	田文镜
	陕西	武格
	甘肃	许容
	福建	刘世明五月癸酉迁。陈世倌福建巡
	浙江	蔡仕舢
	江西	谢旻
代。	湖北	费金吾五月戊辰，魏廷珍湖北巡抚。
	湖南	赵宏恩
	四川	宪德
	广东	傅泰召。五月癸巳，鄂弥达广东巡抚。
	广西	金珙
	云南	沈廷正八月壬戌迁。张允随云南巡
	贵州	张广泗

	雍正九年辛亥	
	江苏	尹继善七月丁卯迁。
抚。	安徽	程元章
抚。刘於义协办。	山东	岳浚
	山西	觉罗石麟
	河南	田文镜四月癸巳召。
	陕西	武格七月戊辰召。马
	甘肃	许容
抚。	福建	陈世倕
	浙江	蔡仕舢九月辛未，王
	江西	谢旻
	湖北	魏廷珍四月甲午召。
	湖南	赵弘恩
	四川	宪德
	广东	鄂宏达
	广西	金珙
抚。	云南	张允随
	贵州	张广泗

王士俊湖北巡抚。

国栋署浙江巡抚。

尔泰署陕西巡抚。史贻直协办。

张元怀署河南巡抚。

王国栋署江苏巡抚。九月辛未调。乔世臣代

	贵州	张广泗二月癸丑迁。元展成署贵州
	云南	张允随
	广西	金珙
	广东	鄂弥达二月癸丑迁。杨允斌署广东
	四川	宪德
	湖南	赵宏恩
	湖北	王士俊十一月庚子迁。德龄湖北巡
	江西	谢旻
	浙江	王国栋七月庚子召。程元章兼浙江
	福建	陈世倕
	甘肃	许容
	陕西	马尔泰十一月丁酉差。史贻直署陕
	河南	田文镜十一月戊戌病免。孙国玺署
	山西	觉罗石麟
	山东	岳浚
	安徽	程元章七月戊戌迁。徐本署安徽巡
署。	江苏	乔世臣
	雍正十年壬子	

		抚。			河南巡抚。	西巡抚。			巡抚。		抚。			巡抚。			巡抚。十二月丙寅补。
雍正十一年癸丑	江苏	安徽	山东	山西	河南	陕西	甘肃	福建	浙江	江西	湖北	湖南	四川	广东	广西	云南	贵州
	乔世臣入觐。六月	徐本十二月己未	岳浚	觉罗石麟	孙国玺四月壬申	史贻直迁。十二月	许容	陈世倕	程元章	谢旻十二月庚申	德龄	赵宏恩九月己卯	宪德十二月庚申，	杨永斌	金珙	张允随	元展成

鄂昌四川巡抚。

迁。钟保署湖南巡抚。

迁。常安江西巡抚。

庚申，硕色陕西巡抚。

迁。王士俊兼管河南巡抚。

迁。王纮安徽巡抚。

甲戌，孙国玺署江苏巡抚。九月己卯，高其倬

	雍正十二年甲寅	
署。	江苏	高其倬
	安徽	王纮 十一月己未迁。赵国麟安徽巡
	山东	岳濬
	山西	觉罗石麟
	河南	王士俊
	陕西	硕色
	甘肃	许容
	福建	赵国麟 十月己未调。卢焯福建巡抚。
	浙江	程元章
	江西	常安
	湖北	德龄 五月壬辰差。杨馝署湖北巡抚。
	湖南	钟保
	四川	鄂昌
	广东	杨永斌
	广西	金珙
	云南	张允随
	贵州	元展成

雍正十三年乙卯	
江苏	高其倬
安徽	赵国麟
山东	岳浚
山西	觉罗石麟
河南	王士俊十一月丙辰召。富德河南巡抚。
陕西	硕色
甘肃	许容
福建	卢焯
浙江	程元章十二月丙戌免。嵇曾筠兼管
江西	常安十一月丁巳召。俞兆岳署江西巡
湖北	杨馥正月壬辰调。吴应棻署湖北巡
湖南	钟保十一月丁巳,补湖南巡抚。
四川	鄂昌免。正月壬辰,杨馥四川巡抚。
广东	杨永斌
广西	金珙
云南	张允随
贵州	元展成十一月己未罢。张广泗贵州

巡抚。
抚。
抚。浙江巡抚。
抚。

清史稿卷二〇二

表第四二

疆臣年表六 各省巡抚

	江苏	安徽	山东	山西	河南	陕西	甘肃	四川	福建	浙江	江西	湖北	湖南	广东	广西	云南	贵州
乾隆元年丙辰	高其倬正月丙	孙国玺	岳浚十月庚午	石麟	富德	硕色	许容二月戊戌	杨馝四月戊寅			俞兆岳十月庚	吴应棻四月壬	钟保四月壬午，	杨永斌	金鉷八月甲子	张允随	

召。杨超曾广西巡抚。

湖南巡抚。高其倬署。六月戊午，钟保迁高其

申召。高其倬湖北巡抚。六月戊午迁。钟保湖

午迁。岳浚江西巡抚。

召。王士俊署。六月辛巳革逮。七月辛酉，杨馝

免。刘於义甘肃巡抚。

迁。法敏山东巡抚。

辰免。顾琮署。十月壬戌忧。邵基江苏巡抚。

	张允随
	杨超曾
	杨永斌三月壬子迁。王謩广东
倬补。	高其倬
北巡抚。	钟保三月壬子召。杨永斌南北
	岳浚
仍四川巡抚。	杨馝
	刘於义
	硕色三月辛亥迁。崔纪陕西巡
	富德三月壬子召。尹会一河南
	石麟
	法敏
	孙国玺
	邵基八月乙未卒。杨永斌江苏
	乾隆二年丁巳

	张允随
	杨超曾十月乙巳
巡抚。	王謩
	高其倬二月壬子
巡抚。八月乙未迁。张楷代。	张楷三月乙卯迁。
	岳浚
	卢焯九月癸亥，浙
	王士任九月癸亥，
	杨馝
	刘於义九月甲辰
抚。	崔纪三月乙卯迁。
巡抚。	尹会一
	石麟
	法敏
	孙国玺
巡抚。	杨永斌五月辛未
	乾隆三年戊午

	张允随
迁。安图广西巡抚。	安图
	王謩
迁。张渠湖南巡抚。	张渠二月己卯迁。冯光
崔纪湖北巡抚。	崔纪
	岳浚
江巡抚。	卢焯
福建巡抚。	王士任
	杨馝六月庚辰，方显四
召。元展成甘肃巡抚。	元展成
张楷陕西巡抚。	张楷
	尹会一十一月庚戌免。
	石麟
	法敏六月庚辰召。硕色
	孙国玺十一月壬子卒。
召。许容江苏巡抚。	许容正月壬子假。徐士
	乾隆四年己未

	张允
	安图
	王謩
裕湖南巡抚。	冯光
	崔纪
	岳浚
	卢焯
	王士
川巡抚。	方显
	元展
	张楷
雅尔度河南巡抚。	雅尔
	石麟
山东巡抚。	硕色
陈大受安徽巡抚。	陈大
林护。二月己卯，许容抚。张渠江苏巡抚。	张渠
	乾隆

随六月癸酉迁。庆复兼云南巡抚。
七月癸酉召。方显广西巡抚。
十一月己酉召。王安国广东巡抚。
裕闰六月壬戌卒。许容湖南巡抚。
五月丁未召。班第兼署。七月癸酉，张渠补。十
十一月丁丑免。包括江西巡抚。
任五月庚申革。王恕福建巡抚。
七月癸酉迁。硕色四川巡抚。
成
度
闰六月辛亥忧。喀尔吉善山西巡抚。
七月癸酉迁。朱定元山东巡抚。
爱
七月癸酉迁。徐士林江苏巡抚。
五年庚申

	庆复
	方显正月乙亥
	王安国
	许容
二月戊戌卒。范灿湖北巡抚。	范灿
	包括九月乙亥
	卢焯六月己酉
	王恕
	硕色
	元展成九月癸
	张楷六月丙申
	雅尔图
	喀尔吉善
	朱定元
	陈大受六月丙
	徐士林六月丙
	乾隆六年辛酉

免。杨锡绂广西巡抚。
回原任。陈宏谋江西巡抚。
免。德沛署。十二月辛亥，常安浙江巡抚。
亥革。陈宏谋甘肃巡抚。九月乙亥迁。黄廷桂 迁。岱奇陕西巡抚。
申迁。张楷安徽巡抚。
申免。陈大受江苏巡抚。

	乾隆七年壬戌
	陈大受
	张楷十二月己亥召。喀尔吉善安徽巡抚。
	朱定元三月戊寅忧。晏斯盛山东巡抚。
	喀尔吉善
	雅尔度
	岱奇十月甲辰卒。塞楞额陕西巡抚。
代。	黄廷桂
	硕色
	王恕三月庚午免。刘於义福建巡抚。
	常安
	陈宏谋
	范灿
	许容
	王安国
	杨锡绂
	庆复

乾隆八年癸亥
陈大受
喀尔吉善三月庚午迁。范灿安徽巡抚。
晏斯盛三月庚午迁。喀尔吉善山东巡抚。
喀尔吉善迁。二月甲午，刘於义山西巡抚。十
雅尔度闰四月丙午召。硕色河南巡抚。
塞楞额十月己巳迁。陈宏谋陕西巡抚。
黄廷桂
硕色闰四月丙午迁。纪山四川巡抚。
刘於义二月庚午迁。孙嘉淦署。四月丁未召。
常安
陈宏谋十月己巳迁。塞楞额江西巡抚。
范灿三月庚午迁。晏斯盛湖北巡抚。
许容闰四月乙卯免。蒋溥湖南巡抚。阿里衮
王安国
杨锡绂
庆复闰四月戊申迁。张允随兼云南巡抚。

	张允随
	杨锡绂三月丁亥召。托庸
	王安国正月辛巳迁。策楞
暂管。	蒋溥
	晏斯盛正月庚子迁。许容
	塞楞额
	常安
周学健福建巡抚。	周学健
	纪山
	黄廷桂
	陈宏谋
	硕色
月己巳迁。傅恒代。	傅恒
	喀尔吉善
	范灿六月癸丑召。准泰安
	陈大受
	乾隆九年甲子

乾隆	
陈大	
准泰	徽巡抚。
喀尔	
傅恒	
硕色	
陈宏	
黄廷	
纪山	
周学	
常安	
塞楞	
晏斯	署湖北巡抚。二月丙辰免。晏斯盛仍任。
蒋溥	
策楞	广东巡抚。
托庸	广西巡抚。
张允	

随	张允随
	托庸四
四月乙卯迁。准泰广东巡抚。	准泰
四月庚申迁。杨锡绂湖南巡抚。	杨锡绂
盛十一月戊寅告养。开泰湖北巡抚。	开泰十
额	塞楞额
	常安
建	周学建
	纪山
桂	黄廷桂
谋	陈宏谋
	硕色
	傅恒九
吉善	喀尔吉
四月乙卯迁。魏定国安徽巡抚。	魏定国
受	陈大受
十年乙丑	乾隆十

月己卯革。鄂昌广西巡抚。

月己卯迁。陈宏谋湖北巡抚。

九月丁巳迁。陈宏谋江西巡抚。十月己卯迁。

九月庚子迁。陈大受福建巡抚。

九月丁巳迁。徐杞陕西巡抚。

月壬戌，爱必达山西巡抚。

善九月丁巳迁。塞楞额山东巡抚。壬戌，阿里

五月甲辰迁。潘思榘安徽巡抚。

九月庚子迁。安宁江苏巡抚。

一年丙寅

	孙绍武贵州巡抚。
	张允随三月辛丑迁。图尔炳阿云南
	鄂昌
	准泰五月辛卯召。策楞兼管。辛亥，岳
	杨锡绂
	陈宏谋十二月己巳迁。彭树葵湖北
开泰代。	开泰
	常安九月壬子免。顾琮浙江巡抚。
	陈大受九月丁巳迁。潘思榘福建巡
	纪山
	黄廷桂
	徐杞十二月己巳召。陈宏谋陕西巡
	硕色
	爱必达五月辛亥免。准泰山西巡抚。
衮代。	阿里衮
	潘思榘九月丁巳迁。纳敏安徽巡抚。
	安宁
	乾隆十二年丁卯

	孙绍武三月辛亥，爱必达贵州
巡抚。	图尔炳阿
	鄂昌闰七月癸酉迁。舒辂广西
浚广东巡抚。	岳浚
	杨锡绂十月壬辰忧。开泰湖南
巡抚。	彭树葵
	开泰十月壬辰迁。唐绥祖江西
	顾琮三月乙未迁。爱必达浙江
抚。	潘思榘
	纪山八月革。班第暂署。九月壬
	黄廷桂九月丁卯召。瑚宝署十
抚。	陈宏谋
	硕色十月乙酉迁。鄂容安河南
	准泰闰七月癸酉迁。阿里衮山
	阿里衮闰七月癸酉迁。准泰山
	纳敏
	安宁闰七月己巳召。尹继善兼
	乾隆十三年戊辰

巡抚。

巡抚。

巡抚。

巡抚。

巡抚。辛亥迁。方观承代。

子，鄂昌四川巡抚。十一月庚辰迁。策楞兼班

一月庚辰迁。鄂昌甘肃巡抚。

巡抚。

西巡抚。

东巡抚。

理。癸酉，鄂昌江苏巡抚。九月壬子迁。雅尔哈

	乾隆十四年己巳
善署。	雅尔哈善
	纳敏 四月庚子迁。卫哲治山东巡抚。十
	准泰
	阿里衮
	鄂容安
	陈宏谋
	鄂昌
第代。	班第 正月丁巳革。仍署四川巡抚。
	潘思榘
	方观承 七月壬子迁。永贵浙江巡抚。
	唐绥祖 四月壬辰迁。阿思哈江西巡抚。
	彭树葵 四月壬辰迁。唐绥祖湖北巡抚。
	开泰
	岳浚 十二月乙未迁。苏昌广东巡抚。
	舒辂
	图尔炳阿 十二月乙未迁。岳浚云南巡
	爱必达

	爱必达十月甲申
抚。	岳浚七月丙午革。舒辂十一月乙丑
	苏昌
	开泰十月甲申迁。
	唐绥祖十二月癸
	阿思哈十月乙丑
	永贵
	潘思榘
	班第
	鄂昌
	陈宏谋
	鄂容安
	阿里衮十一月乙
	准泰
二月乙未召。图尔炳阿代。	图尔炳阿七月丙
	雅尔哈善十一月
	乾隆十五年庚辰

迁。开泰贵州巡抚。

图尔炳阿云南巡抚。十月甲申革。爱必达代。

迁。卫哲治广西巡抚。

杨锡绂湖南巡抚。

巳免。严瑞龙护湖北巡抚。

迁。舒辂江西巡抚。

丑迁。阿思哈山西巡抚。

午迁。卫哲治安徽巡抚。十一月乙丑迁。定长

丙辰迁。王师江苏巡抚。

代。

乾隆十六年辛未
王师 八月辛酉卒。庄有恭江苏巡抚。
定长 二月丙戌迁。卫哲治安徽巡抚。三月
准泰 八月庚申逮。鄂容安山东巡抚。兆惠
阿思哈
鄂容安 八月庚申迁。舒辂河南巡抚。十月
陈宏谋 十月丙辰迁。舒辂陕西巡抚。
鄂昌 八月庚申迁。杨应琚甘肃巡抚。
班第
潘思榘
永贵 闰十二月壬寅革。雅尔哈善浙江巡
舒辂 八月庚申迁鄂昌江西巡抚。
严瑞龙 二月辛卯革。阿里衮兼管。四月己
杨锡绂 十月戊戌忧。范时绶湖南巡抚。
苏昌
卫哲治 二月丙戌迁。定长广西巡抚。
爱必达
开泰

	开泰
	爱必达
	定长十月壬寅迁。李锡泰
	苏昌
	范时绶
卯，恒文湖北巡抚。	恒文
	鄂昌十月戊子召。鄂容安
抚。	雅尔哈善
	潘思榘三月戊寅卒。陈宏
	班第
	杨应琚六月丙辰忧。鄂乐
	舒辂二月乙未卒。钟音陕
丙辰迁。陈宏谋代。	陈宏谋三月戊寅迁。蒋炳
	阿思哈十月壬寅召。定长
暂署。	鄂容安十月戊子迁。杨应
己亥忧。张师载代。	张师载
	庄有恭
	乾隆十七年壬申

	开泰三月己卯迁。定长
	爱必达
广西巡抚。	李锡泰
	苏昌十一月己巳召。鹤
	范时绶九月壬申迁。杨
	恒文十月辛丑迁。张若
江西巡抚。	鄂容安九月壬申迁。范
	雅尔哈善
谋福建巡抚。	陈宏谋
	班第九月壬申召。
舜甘肃巡抚。	鄂乐舜
西巡抚。	钟音
河南巡抚。	蒋炳
山西巡抚。胡宝瑔署。	定长八月辛丑召。胡宝
瑔山东巡抚。	杨应琚
	张师载八月庚戌革。卫
	庄有恭
	乾隆十八年癸酉

署。八月辛丑，开泰回。九月壬申迁。定长

年广东巡抚。 贵州

锡绂湖南巡抚。十月辛丑迁。胡宝瑔代。

震湖北巡抚。

时绶江西巡抚。

瑔山西巡抚。十月辛丑迁。恒文代。

哲治安徽巡抚。

	乾隆十九年甲戌
	庄有恭十二月丙辰陛见。尹继善兼江
	卫哲治十月甲寅迁。鄂乐舜安徽巡抚。
	杨应琚四月辛卯迁。郭一裕山东巡抚。
	恒文
	蒋炳
	钟音五月戊戌迁。陈宏谋陕西巡抚。
	鄂乐舜五月己亥迁。鄂昌甘肃巡抚。
	陈宏谋五月戊戌迁。钟音福建巡抚。
	雅尔哈善五月己亥召。鄂乐舜浙江巡
	范时绶
	张若震
	胡宝瑔
巡抚。	鹤年
	李锡泰十月甲寅免。卫哲治广西巡抚。
	爱必达
	定长

	乾隆二十年乙亥
苏巡抚。	庄有恭
	鄂乐舜十一月壬
	郭一裕六月癸丑
	恒文
	蒋炳五月辛卯，图
	陈宏谋三月己卯
	鄂昌三月己卯召。
	钟音
抚。十月甲寅迁。周人骥代。	周人骥
	范时绶二月己未
	张若震
	胡宝瑔二月己未
	鹤年
	卫哲治十月甲辰
	爱必达六月癸丑
	定长

迁。郭一裕云南巡抚。

迁。鄂宝广西巡抚。

迁。杨锡绂署。五月辛卯迁。陈宏谋湖南巡抚。

召。胡宝瑔江西巡抚。

陈宏谋甘肃巡抚。五月辛卯迁。吴达善代。

迁。台柱署。十二月甲辰召。卢焯陕西巡抚。

尔炳阿河南巡抚。

迁。白钟山署。十一月壬午，鄂乐舜山东巡抚。

午迁。高晋安徽巡抚。

定长
郭一裕
鄂宝
鹤年十月壬申迁。周人骥广东巡抚。
陈宏谋十月辛亥迁。图尔炳阿湖南巡抚。十
张若震十月辛亥卒。卢焯湖北巡抚。
胡宝瑔
周人骥二月庚戌革。杨廷璋浙江巡抚。
钟音
吴达善
卢焯十月辛亥迁。陈宏谋陕西巡抚。
图尔炳阿十月辛亥迁。蒋炳署河南巡抚。十
恒文二月戊辰迁。明德山西巡抚。
鄂乐舜革。二月戊辰，爱必达山东巡抚。十月
高晋
庄有恭十一月辛亥忧。爱必达兼署。
乾隆二十一年丙子

	定长 六月甲子迁。
	郭一裕 七月辛卯
	鄂宝
	周人骥
二月丙子，蒋炳署。	蒋炳 四月己卯迁。
	卢焯 六月庚午革。
	胡宝瑔 六月辛酉
	杨廷璋
	钟音
	吴达善
	陈宏谋 六月甲子
二月丙子，图尔炳阿仍留。	图尔炳阿 四月己
	明德 六月甲子迁。
壬申迁。鹤年任杨锡绂署。	鹤年 七月丁未迁。
	高晋
	爱必达 六月甲子
	乾隆二十二年丁

周琬贵州巡抚。

免。王辰刘藻云南巡抚。

阿思哈湖南巡抚。辛巳，蒋炳仍回。九月戊戌

庄有恭署湖北巡抚。

迁。阿思哈署江西巡抚。

迁。明德陕西巡抚。十月丙戌革。永贵署陕西

卯革。蒋炳河南巡抚。刘墉暂护。辛巳，图尔炳

定长山西巡抚。七月丁未忧。塔永宁山西巡

蒋洲山东巡抚。十月甲子逮。鹤年兼办。十二

迁。陈宏谋江苏巡抚。十二月癸亥迁。托恩多

丑

	周
	刘
	鄂
	周
革。富勒浑湖南巡抚。	富
	庄
	阿
	杨
	钟
	吴
巡抚。吴士功护。	永
阿仍留。六月辛酉召。胡宝瑔任。刘墉暂护。	胡
抚。	塔
月癸亥卒。阿尔泰山东巡抚。	阿
	高
江苏巡抚。	托
	乾

琬正月壬子迁。周人骥署贵州巡抚。
濂
宝
人骥正月壬子迁。钟音广东巡抚。三月丁未
勒浑四月丙子，冯钤湖南巡抚。
有恭三月丁未迁。冯钤湖北巡抚。四月丙子
思哈
廷璋
音正月壬子迁。周琬福建巡抚。三月丁未忧。
达善
贵三月丁未，赴军营。钟音陕西巡抚。
宝琭
永宁
尔泰
晋
恩多三月丁未迁。庄有恭署。四月丙子迁。陈
隆二十三年戊寅

	周人骥
	刘藻
	鄂宝
迁。托恩多代。	托恩多
	冯钤
迁。庄有恭署。	庄有恭四月戊午迁。
	阿思哈
	杨廷璋三月壬辰迁。
吴士功任。杨应琚兼管。	吴士功
	吴达善正月己亥迁。
	钟音
	胡宝瑔
	塔永宁十月乙未卒。
	阿尔泰
	高晋
宏谋兼管江苏巡抚。	陈宏谋
	乾隆二十四年己卯

	周
	刘
	鄂
	托
	冯
周琬署湖北巡抚。	周
	阿
明山署。四月戊午，庄有恭浙江巡抚。	庄
	吴
明德甘肃巡抚。四月丁巳忧。杨应琚兼管。	杨
	钟
	胡
鄂弼山西巡抚。	鄂
	阿
	高
	陈
	乾

人骥
藻
宝
恩多
钤
琬
思哈十一月丙寅革。常钧暂署。十二月丙戌，
有恭
士功

应琚免兼。十二月丙戌，明德甘肃巡抚。
音
宝瑔十二月丙戌迁。吴达善河南巡抚。
弼
尔泰
晋
宏谋
隆二十五年庚辰

	周人骥
	刘藻
	鄂宝二月癸酉召。托庸广
	托恩多
	冯钤
	周琬八月戊寅革。汤聘湖
胡宝瑔江西巡抚。	胡宝瑔八月戊寅迁。常钧
	庄有恭
	吴士功五月戊午革。定长
	明德
	钟音
	吴达善四月壬辰迁。常钧
	鄂弼
	阿尔泰
	高晋三月戊申迁。托庸安
	陈宏谋
	乾隆二十六年辛巳

	周人骥正
	刘藻
西巡抚。三月戊申迁。熊学鹏代。	熊学鹏十
	托恩多八
	冯钤十月
北巡抚。爱必达兼管	汤聘八月
江西巡抚。汤聘暂署。	常钧五月
	庄有恭十
福建巡抚。	定长
	明德五月
	钟音五月
河南巡抚。八月戊寅迁。胡宝瑔代。	胡宝瑔
	鄂弼五月
	阿尔泰
徽巡抚。	托庸
	陈宏谋十
	乾隆二十

月己未免。乔光烈贵州巡抚。
月辛卯迁。冯钤广西巡抚。
月甲辰忧。明山署广东巡抚。
辛卯迁。陈宏谋湖南巡抚。
甲辰迁。宋邦绥湖北巡抚。
戊申迁。明山署。八月甲辰迁。汤聘江西巡抚。
月辛卯迁。熊学鹏浙江巡抚。
戊申迁。常钧甘肃巡抚。
戊申迁。鄂弼陕西巡抚。
戊申迁。明德山西巡抚。
月辛卯迁。庄有恭江苏巡抚。
七年壬午

乔光烈五月癸酉迁。乙亥，崔应阶贵州巡抚。
刘藻
冯钤
明山六月戊戌迁。阿思哈广东巡抚。十一月
陈宏谋五月癸酉迁。乔光烈湖南巡抚。
宋邦绥五月癸酉免。辅德湖北巡抚。十一月
汤聘五月己卯革。庚辰明德江西巡抚。十一
熊学鹏
定长
常钧十一月辛酉迁。杨应琚兼署。
鄂弼六月戊戌迁。明山陕西巡抚。阿里衮暂
胡宝瑔正月壬午卒。叶存仁河南巡抚。十一
明德五月庚辰迁。和其衷山西巡抚。
阿尔泰六月壬寅迁。崔应阶山东巡抚。
托庸
庄有恭
乾隆二十八年癸未

六月壬寅迁。图尔炳阿代。	图尔炳阿十
	刘藻六月甲
	冯钤
辛酉，迁。明山代。	明山
	乔光烈十月
辛酉，迁。常钧代。	常钧六月丙
月辛酉，迁。辅德代。	辅德
	熊学鹏
	定长
	杨应琚三月
护明山十一月辛酉，迁。明德代。	明德
月辛酉，迁。阿思哈代。	阿思哈
	和其衷
	崔应阶
	托庸
	庄有恭
	乾隆二十九

月癸巳迁。方世俊贵州巡抚。	方世俊
辰迁。丙午常钧云南巡抚。	常钧
	冯钤三月甲申
	明山闰二月戊
癸巳革。图尔炳阿湖南巡抚。	图尔炳阿三月
午迁。王检湖北巡抚。	王检闰二月戊
	辅德闰二月戊
	熊学鹏
	定长
乙卯裁。	
	明德正月癸丑
	阿思哈
	和其衷正月癸
	崔应阶
	托庸十一月乙
	庄有恭正月癸
年甲申三月裁甘肃巡抚。	乾隆三十年乙

迁。宋邦绥广西巡抚。

辰迁。王检广东巡抚。

甲申卒。冯钤湖南巡抚。十一月乙酉迁。李因

辰迁。李因培湖北巡抚。十一月乙酉迁。汤聘

辰卒。明山江西巡抚。

迁。和其衷陕西巡抚。

丑迁。彰宝山西巡抚。

酉迁。冯钤安徽巡抚。

丑迁。明德江苏巡抚。

酉

	方世俊
	常钧二月壬寅迁。汤聘云南巡抚。
	宋邦绥
	王检
培代。	李因培二月壬寅迁。常钧湖南巡抚。十
代。	汤聘二月壬寅迁。刘藻湖北巡抚。癸亥
	明山二月辛亥迁。吴绍诗江西巡抚。
	熊学鹏
	定长二月壬寅迁。李因培福建巡抚。八
	和其衷二月辛亥逮。明山陕西巡抚。
	阿思哈
	彰宝
	崔应阶
	冯钤
	明德
	乾隆三十一年丙戌

	方
	汤
	宋
	王
二月甲午召。鄂宁湖南巡抚。	鄂
革。鄂宁代十二月甲午迁。鄂宝湖北巡抚。	鄂
	吴
	熊
月癸丑降。庄有恭代。	庄
	明
	阿
	彰
	崔
	冯
	明
	乾

世俊二月己酉迁。汤聘贵州巡抚。五月己巳

聘二月己酉迁。鄂宁云南巡抚。

邦绶

检八月乙酉免。钟音广东巡抚。

甯二月己酉迁。方世俊湖南巡抚。

宝五月己巳迁。定长暂署。庚午，范时绶湖北

绍诗

学鹏

有恭七月癸亥卒。辛巳，崔应阶福建巡抚。

山

思哈

宝

应阶七月辛巳迁。李清时山东巡抚。

钤

德

隆三十二年丁亥

革。鄂宝代。十一月壬子迁。良卿署。	良卿三月
	鄂宁二月
	宋邦绥六
	钟音三月
	方世俊
巡抚。十一月壬子召。鄂宝代。	鄂宝二月
	吴绍诗
	熊学鹏二
	崔应阶正
	明山十二
	阿思哈十
	彰宝正月
	李清进正
	冯钤
	明德二月
	乾隆三十

乙巳迁。钱度贵州巡抚。四月丁卯迁。良卿仍
丙戌迁。明德云南巡抚。
月壬午，钱度广西巡抚。
乙巳迁。良卿广东巡抚。四月丁卯，钱度代六
丙戌迁。程焘湖北巡抚。十二月己未降。揆义
月丙戌忧。永德浙江巡抚。
月丁未迁。富呢汉福建巡抚。二月丙戌迁。鄂
月甲子迁。阿思哈陕西巡抚。壬午，文绶陕西
二月甲子迁。文绶河南巡抚。壬午，阿思哈仍
庚子迁。苏尔德山西巡抚。九月己酉降。鄂宝
月庚子卒。彰宝山东巡抚。二月丙戌迁。富呢
丙戌迁。彰宝江苏巡抚。
三年戊子

回。

月壬午迁。钟音仍任。

署湖北巡抚。

宝代。三月乙巳迁。钟音福建巡抚。六月壬午

巡抚。

留

山西巡抚。

汉代。十二月己未降。富明安山东巡抚。

乾隆三十四年己丑	
彰宝三月丙午忧。明德江苏巡抚。	
冯钤二月辛酉免。富呢汉安徽巡	
富明安	
鄂宝	
阿思哈三月壬子迁。喀宁阿河南	
文绶	
鄂宁四月己未革。温福福建巡抚。	迁。鄂宁代。
永德十月乙卯迁。熊学鹏署浙江	
吴绍诗七月己亥迁。海明江西巡	
揆义七月己亥察议。梁国治湖北	
方世俊十二月辛亥免。宫兆麟湖	
钟音十二月辛亥,德保广东巡抚。	
钱度十二月辛亥,陈辉祖广西巡	
明德正月辛卯迁。喀宁阿云南巡	
良卿十月癸亥免。吴达善暂兼署。	

甲子，喀宁阿贵州巡抚。

抚。三月壬子迁。彰宝署。十月乙卯迁。明德署。

抚。

南巡抚。

巡抚。

抚。

巡抚。

崔应阶兼署。

巡抚。吴嗣爵暂护。十月甲子迁。富呢汉河南

抚。陈辉祖暂护。十月甲子迁。胡文伯安徽巡

高晋兼管。十月乙卯，明德革。永德江苏巡抚。

	乾隆三十五年庚寅	
	永德三月戊戌迁。萨载	
抚。	胡文伯七月辛酉降。裴	
	富明安	署。十月壬午召。
	鄂宝	宗锡安徽巡抚。
巡抚。	富呢汉三月戊戌召。永	
	文绶	
		德河南巡抚。
	温福闽五月己未迁。钟	
	熊学鹏十一月辛未忧。	
	海明	首署福建巡抚。
	梁国治	富勒浑浙江巡
	宫兆麟三月辛巳迁。吴	
	德保	
	陈辉祖	达善兼署。辛卯，
	明德七月壬申卒。诺穆	
	喀宁阿三月辛巳召。宫	
		亲署云南巡抚。
		兆麟贵州巡抚。

十一月乙丑免。三宝护。十二月庚寅，李湖贵

德福署。十月壬午迁。吴达善兼署。湖南巡抚。

抚。

李湖护江苏巡抚。

	乾隆三十六年辛卯
	萨载
	裴宗锡
	富明安三月戊午迁。周元理山东巡
	鄂宝十月戊辰召。三宝山西巡抚。
	永德五月辛丑迁。何煟河南巡抚。
	文绶九月丁卯迁。勒尔谨陕西巡抚。
	钟音五月辛丑迁。余文仪福建巡抚。
	富勒浑
	海明
	梁国治九月丁卯迁。陈辉祖湖北巡
	吴达善五月辛丑迁。永德湖南巡抚。
	德保
	陈辉祖九月丁卯迁。永德广西巡抚。
	诺穆亲
	李湖
州巡抚。	

	李湖正月乙巳迁。图
	诺穆亲正月乙巳召。
	永德
	德保
九月丁卯迁。梁国治代。	梁国治
抚。	陈辉祖
	海明五月甲子迁。海
	富勒浑六月丙戌迁。
	余文仪
	勒尔谨六月丙戌迁。
	何煟
	三宝
抚。十月丁亥迁。徐绩代。	徐绩
	裴宗锡
	萨载
	乾隆三十七年壬辰

图思德	思德贵州巡抚。
李湖	李湖署云南巡抚。
永德正	
德保	
梁国治	
陈辉祖	
海成	成江西巡抚。
熊学鹏	熊学鹏署浙江巡抚。
余文仪	
巴延三	富勒浑陕西巡抚。辛卯迁。巴延三代。
何煟	
三宝正	
徐绩	
裴宗锡	
萨载	
乾隆三	

	图
	李
月壬辰免。熊学鹏广西巡抚。	熊
	德
十一月壬申召。巴延三湖南巡抚。敦福议。	巴
	陈
	海
正月壬辰迁。三宝浙江巡抚。	三
	余
正月壬辰迁。毕沅陕西巡抚。	毕
	何
月壬辰迁。鄂宝山西巡抚。巴延三暂署。	鄂
	徐
	裴
	萨
十八年癸巳	乾

思德五月丙寅迁。韦谦恒暂护。
湖
学鹏
保
延三
辉祖
成
宝
文仪
沅
煟九月乙卯差。荣柱暂护。十月丙午，何煟卒。
宝
绩十月辛巳免。杨景素山东巡抚。
宗锡
载
隆三十九年甲午

	韦谦恒十月丙申
	李湖二月癸巳革。
	熊学鹏十二月丙
	德保十二月丙辰
	巴延三
	陈辉祖
	海成
	三宝
	余文仪
	毕沅
徐绩河南巡抚。荣柱仍护。	徐绩
	鄂宝
	杨景素
	裴宗锡五月壬戌
	萨载
	乾隆四十年乙未

革。裴宗锡贵州巡抚。袁守侗署。

李瀚云南巡抚。五月壬戌卒。裴宗锡署。十月

辰迁。吴虎炳广西巡抚。

迁。熊学鹏广东巡抚。

迁。李质颖安徽巡抚。

	裴宗锡
丙申迁。图思德兼署。	图思德
	吴虎炳
	熊学鹏三月丁酉革。李
	巴延三七月丁亥迁。鄂
	陈辉祖
	海成
	三宝
	余文仪十月辛亥迁。德
	毕沅三月甲申迁。富纲
	徐绩
	鄂宝七月丁亥迁。巴延
	杨景素
	李质颖三月丁酉迁。闵
	萨载三月癸未迁。杨魁
	乾隆四十一年丙申

	裴宗锡正
	图思德正
	吴虎炳
质颖广东巡抚。	李质颖
宝湖南巡抚。十月壬子迁。敦福代。	敦福二月
	陈辉祖
	海成十一
	三宝五月
保福建巡抚。	德保
暂署陕西巡抚。	毕沅
	徐绩
三山西巡抚。	巴延三
	杨景素正
鹗元安徽巡抚。	闵鹗元
江苏巡抚。	杨魁
	乾隆四十

月乙酉回原任。图思德贵州巡抚。

月乙酉回原任。裴宗锡云南巡抚。

丁巳迁。颜希深湖南巡抚。

月戊辰革。郝硕江西巡抚。

丁亥迁。王亶望浙江巡抚。

月乙酉迁。郝硕山东巡抚。国泰署。十一月戊

二年丁酉

	乾隆四十三年戊戌
	杨魁
	闵鹗元
辰迁。国泰代。	国泰
	巴延三
	徐绩 正月癸亥召。郑大进河南
	毕沅
	德保 九月己亥迁。黄检福建巡
	王亶望
	郝硕
	陈辉祖
	颜希深 三月己丑迁。李湖湖南
	李质颖
	吴虎炳
	裴宗锡
	图思德

	图思德三月戊戌迁。舒常贵州巡抚。
	裴宗锡七月辛卯卒。孙士毅云南巡抚。
	吴虎炳五月丙申卒。李世杰广西巡抚。
	李质颖
巡抚。	李湖
	陈辉祖正月己丑迁。郑大进湖北巡抚。
	郝硕
	王亶望
抚。	黄检二月丙子召。增福代。五月丙午召。
	毕沅十二月丁卯忧。刘秉恬署陕西巡
巡抚。	郑大进正月己丑迁。陈辉祖河南巡抚。
	巴延三十二月乙卯迁。雅德山西巡抚。
	国泰
	闵鹗元
	杨魁
	乾隆四十四年己亥

	舒常三月丁酉召。
	孙士毅三月丁酉
十一月丙午忧。姚成烈代。	姚成烈
	李质颖三月壬辰
	李湖三月壬辰迁。
	郑大进
	郝硕
	王亶望三月壬辰
富纲福建巡抚。	富纲
抚。	刘秉恬四月辛酉
十二月辛未迁。荣柱代。	荣柱四月丙寅迁。
	雅德四月丙寅迁。
	国泰
	闵鹗元八月癸酉
	杨魁四月辛酉迁。
	乾隆四十五年庚

李本署。四月辛酉，颜希深贵州巡抚。七月壬

革。颜希深署。四月辛酉迁。刘秉恬署云南巡

迁。李湖广东巡抚。

刘墉湖南巡抚。

忧。李质颖浙江巡抚。三宝兼署。

迁。杨魁陕西巡抚。丙寅迁。雅德代十月己酉

杨魁河南巡抚。十月己酉忧。雅德代。

喀宁阿山西巡抚。

迁。农起安徽巡抚。

吴坛江苏巡抚。八月癸酉召。闵鹗元代。

子

寅卒。李本授。	李本
抚。	刘秉恬
	姚成烈十二月己巳迁。朱椿广
	李湖十二月丁丑卒。雅德广东
	刘墉十一月丙午迁。李世杰署
	郑大进十一月戊辰迁。十二月
	郝硕
	李质颖正月癸卯召。陈辉祖兼
	富纲五月癸巳召。杨魁署福建
迁。毕沅署。	毕沅
	雅德二月己巳迁。诺穆亲署。庚
	喀宁阿二月己巳忧。雅德山西
	国泰
	农起十二月辛卯迁。谭尚忠安
	闵鹗元
	乾隆四十六年辛丑

西巡抚。

巡抚。

湖南巡抚。

己巳，姚成烈湖北巡抚。

浙江巡抚。

巡抚。

午，富勒浑河南巡抚。

巡抚。十二月丁丑迁。谭尚忠代。辛卯迁。农起

徽巡抚。

				任。																				
乾隆四十七年壬寅	闵鹗元	谭尚忠六月壬午降。富躬安徽巡抚。	国泰四月己卯革。明兴山东巡抚。诺穆亲	农起	富勒浑九月辛亥迁。李世杰河南巡抚。	华沅			杨魁三月癸丑病免。雅德福建巡抚。	陈辉祖九月辛亥革。十月甲申，福崧浙江	郝硕	姚成烈	李世杰九月辛亥迁。查礼湖南巡抚。舒常	雅德三月癸丑迁。尚安广东巡抚。	朱椿	刘秉恬	李本							

	乾隆四十八年癸卯
	闵鹗元
	富躬
暂署。	明兴
	农起
	李世杰四月辛巳迁。何裕城河南巡抚。
	毕沅
	雅德
巡抚。	福崧
	郝硕
	姚成烈
兼署。	查礼正月甲午卒。伊星阿湖南巡抚。
	尚安
	朱椿三月辛丑迁。刘峨广西巡抚。五月
	刘秉恬
	李本

乾隆四十九年甲辰	
闵鹗元	
富躬六月丁未病免。书麟	
明兴	
农起	
何裕城	
毕沅	
雅德	
福崧	
郝硕四月壬寅召。李绶江	
姚成烈七月丁巳迁。李绶	
伊星阿四月辛亥迁。李绶	
尚安正月甲寅忧。孙士毅	
孙士毅正月甲寅迁。吴垣	丁未迁。孙士毅代。
刘秉恬	
李本二月壬申卒。永保贵	

州巡抚。	永保五月甲
	刘秉恬
广西巡抚。	吴垣正月丁
广东巡抚。	孙士毅
湖南巡抚。七月丁巳迁。陆燿代。	陆燿七月庚
湖北巡抚。	李绶正月丁
西巡抚。辛亥迁。伊星阿代。	伊星阿五月
	福崧
	雅德七月己
	毕沅二月辛
	何裕城二月
	农起八月癸
	明兴
安徽巡抚。	书麟
	闵鹗元
	乾隆五十年

寅迁。陈用敷贵州巡抚。七月辛酉忧。李庆棻
巳迁。孙永清广西巡抚。
戊病免。浦霖湖南巡抚。
巳迁。吴垣湖北巡抚。
壬子免。舒常署。甲寅，永保江西巡抚。九月戊
酉迁。浦霖福建巡抚。庚戌调。徐嗣曾代。
卯迁。何裕城陕西巡抚。九月戊午迁。永保代。
辛卯迁。毕沅河南巡抚。
卯卒。伊桑阿山西巡抚。
乙巳

代。	李庆棻
	刘秉恬闰七月庚辰迁。谭尚
	孙永清
	孙士毅五月丁巳迁。图萨布
	浦霖
	吴垣二月己亥卒。图萨布湖
午迁。何裕城代。	何裕城
	福崧三月癸未召。伊龄阿浙
	徐嗣曾
	永保九月戊子迁。巴延三陕
	毕沅六月辛丑迁。江兰河南
	伊桑阿六月乙酉忧。福崧署。
	明兴
	书麟
	闵鹗元
	乾隆五十一年丙午

	乾隆五十二年
	闵鹗元
	书麟十一月乙
	明兴二月乙巳
九月丁亥革。勒保山西巡抚。	勒保
巡抚。十月丁未降。毕沅代。	毕沅
西巡抚。	巴延三
	徐嗣曾
江巡抚。九月乙未召。琅玕代。	琅玕
	何裕城
北巡抚。五月丁巳迁。李封代。	李封三月辛卯
	浦霖
广东巡抚。	图萨布
	孙永清
忠云南巡抚。	谭尚忠
	李庆棻

丁未	乾隆五十三年戊申
	闵鹗元
酉迁。陈用敷安徽巡抚。	陈用敷
召。长麟山东巡抚。	长麟
	勒保七月丁丑差。梁
	毕沅七月丁丑迁。伍
	巴延三
	徐嗣曾
	琅玕
	何裕城
留京。姜晟湖北巡抚。	姜晟七月辛巳迁。惠
	浦霖
	图萨布
	孙永清
	谭尚忠
	李庆棻

	李
	渭
	孙
	图
	浦
龄湖北巡抚。	惠
	何
	琅
	徐
	巴
拉纳河南巡抚。惠龄署。辛巳迁。梁肯堂代。 肯堂署。郑源璹护。辛巳，海宁山西巡抚。	伍 海
	长
	陈
	闵
	乾

庆棻　正月丁亥卒。郭世勋贵州巡抚。六月壬
尚忠
永清
萨布　六月壬申病免。郭世勋广东巡抚。许祖
霖
龄
裕城
玕　觐。顾学潮护。
嗣曾
延三　迁。七月丙午，秦承恩陕西巡抚。
拉纳　正月壬午迁。梁肯堂河南巡抚。
宁
麟
用敷　十二月丁丑降。穆和蔺安徽巡抚。
鹗元
隆五十四年己酉

中迁。陈步瀛代。十一月戊寅卒。额勒春贵州

京护。

巡抚。

额勒春

谭尚忠

孙永清六月乙卯卒。陈用敷广西巡抚

郭世勋

浦霖十一月丁丑迁。冯光熊湖南巡抚。

惠龄九月庚子迁。福宁湖北巡抚。毕沅

何裕城四月丙寅迁。姚棻署江西巡抚。

琅玕八月庚戌免。海宁浙江巡抚。十月

徐嗣曾十月丁丑卒。浦霖福建巡抚。

秦承恩

梁肯堂二月丁丑迁。穆和蔺河南巡抚。

海宁八月庚戌迁。书麟山西巡抚。

长麟九月庚子革。惠龄山东巡抚。胡季

穆和兰二月丁丑迁。康基田安徽巡抚。

闵鹗元四月丙寅免。福崧江苏巡抚。十

乾隆五十五年庚戌

英善护。

兼署。

王申卒。福崧代。

堂护。

四月丙寅革。何裕城代。七月庚寅卒。朱珪安

月王申迁。长麟署。

	乾隆五十六年辛亥
	长麟
徽巡抚。	朱珪
	惠龄十一月辛巳迁。吉庆山东巡抚。
	书麟四月辛未迁。冯光熊山西巡抚。
	穆和蔺
	秦承恩
	浦霖
	福崧
	姚棻
	福宁
	冯光熊四月辛未迁。姜晟湖南巡抚。
	郭世勋
	陈用敷
	谭尚忠
	额勒春十一月癸未召。陈淮贵州巡

抚。	陈淮六月辛巳迁。冯光熊贵州巡
	谭尚忠
	陈用敷
	郭世勋
王懿德护。	姜晟
	福宁
	姚棻六月辛巳忧。陈淮江西巡抚。
	福崧十二月丙子召。长麟浙江巡
	浦霖
	秦承恩
	穆和蔺
郑源𬍤护。	冯光熊五月戊申召。长麟山西巡
	吉庆
	朱珪
	长麟五月戊申迁。奇丰额江苏巡
	乾隆五十七年壬子

抚。	冯光熊三月乙
	谭尚忠三月乙
	陈用敷
	郭世勋
	姜晟
	福宁九月甲辰
	陈淮
抚。	长麟八月庚午
	浦霖
	秦承恩
	穆和蔺
抚。十二月丙子迁。蒋兆奎代。	蒋兆奎
	吉庆八月庚午
	朱珪
抚。	奇丰额
	乾隆五十八年

卯迁。英善贵州巡抚。	英善
卯迁。冯光熊云南巡抚。	冯光
	陈用
	郭世
	姜晟
迁。惠龄湖北巡抚。	惠龄
	陈淮
迁。吉庆浙江巡抚。	吉庆
	浦霖
	秦承
	穆和
	蒋兆
迁。惠龄山东巡抚。九月甲辰迁。福宁代。	福宁
	朱珪
	奇丰
癸丑	乾隆

熊

敷五月甲辰迁。姚棻署广西巡抚。九月甲辰

勋五月甲辰病免。朱珪广东巡抚。

九月甲辰召。姚棻署。十月己卯回任。陈用敷

恩

蔺八月甲戌迁。福宁河南巡抚。甲申迁。穆和

奎

八月甲戌迁。穆和蔺山东巡抚。甲申，毕沅代。

五月甲辰迁。陈用敷安徽巡抚。十月己卯迁。

额

五十九年甲寅

英善正月	
冯光熊闰	
姚棻二月	迁。成林暂兼署。姚棻寻回。
朱珪	
姜晟	
陈用敷正	湖北巡抚。
陈淮	
吉庆	
浦霖四月	
秦承恩	
阿精阿五	莆仍回。十一月甲辰革。阿精阿代。
蒋兆奎	
毕沅正月	
蕙龄四月	蕙龄代。
奇丰额五	
乾隆六十	

戊子迁。陈用敷贵州巡抚。二月癸丑革。姚棻

二月壬辰迁。姚棻云南巡抚。四月己亥迁。江

癸丑迁。成宁广西巡抚。

月戊子迁。英善湖北巡抚。

己亥召。姚棻福建巡抚。魁伦署。六月戊申，姚

月甲子回京。景安河南巡抚。吴璥暂署。

丙戌迁。玉德山东巡抚。

己酉赴军营。费淳代。五月丁巳迁。惠龄仍任。

月丁巳革。费淳江苏巡抚。张诚基护。

年乙卯

代。闰二月壬辰，迁。冯光熊贵州巡抚。
兰代。
荣免，魁伦兼。
戊辰，汪新安徽巡抚。

清史稿卷二〇三

表第四三

疆臣年表七 各省巡抚

嘉庆	江苏	安徽	山东	山西	河南	陕西	福建	浙江	江西	湖北	湖南	广东	广西	云南	贵州									
元年丙辰	张诚基六月乙	汪新六月乙亥	玉德六月丙子	蒋兆奎	景安	秦承恩	魁伦六月乙亥	吉庆六月丙子,	陈淮十一月己	英善六月乙亥	姜晟	朱珪六月乙亥	成宁	江兰	冯光熊									

迁。英善广东巡抚。丙子，吉庆兼署。八月辛巳，
迁。汪新湖北巡抚。
丑革。逮苏凌阿兼
玉德浙江巡抚。
迁。姚棻署。
迁。伊江阿山东巡抚。
迁。张诚基安徽巡抚。八月辛巳迁。朱珪代。
亥迁。费淳任。

	冯光熊
	江兰
	成宁四月丁巳来京。台布署广西
张诚基代。	张诚基三月癸亥迁。吉庆兼署。四
	姜晟
	汪新
	苏凌阿正月丙午回。台布署。四月
	王德
	姚棻四月丙午病免。田凤仪福建
	秦承恩
	景安
	蒋兆奎十一月癸未休。倭什布山
	伊江阿
	朱珪三月癸亥调。胡季堂暂署。张
	费淳七月月庚午迁。康基田江苏
	嘉庆二年丁巳

巡抚。

月丙午，陈大文广东巡抚。

丁巳迁。张诚基江西巡抚。

巡抚。七月庚午忧免。费淳代。陈奉兹护。九月

西巡抚。

诚基安徽巡抚。四月丁巳迁。万宁暂署。朱珪

巡抚。九月甲申迁。费淳代。

	冯光熊
	江兰
	台布
	陈大文
	姜晟
	汪新四月癸卯卒。高
	张诚基
	玉德
甲申，费淳迁。汪志伊补。	汪志伊
	秦承恩
	景安三月癸酉迁。倭
	倭什布三月癸酉迁。
	伊江阿
兼。	朱珪
	费淳
	嘉庆三年戊午

	冯光熊二月庚戌迁。琅玕贵
	江兰五月庚午迁。初彭龄云
	台布八月壬子迁。谢启昆广
	陈大文迁。六月辛亥，陆有仁
	姜晟
杞湖北巡抚。	高杞二月壬寅来京。倭什布
	张诚基
	王德迁。八月壬子，书麟护。十
	汪志伊
	秦承恩正月丙戌制。永保署。
什布河南巡抚。	倭什布三月庚午迁。吴熊光
伯麟山西巡抚。	伯麟
	伊江阿正月己卯革。陈大文
	朱珪正月壬戌来京。陈用敷
	费淳二月辛丑迁。宜兴江苏
	嘉庆四年己未

州巡抚。
南巡抚。
西巡抚。
广东巡抚。
湖北巡抚。
月戊子，阮元署浙江巡抚。
二月辛丑，马慧裕护。八月己酉，永保逮问。王
河南巡抚。
山东巡抚。宜兴暂署。二月辛丑迁。岳起署。
代。八月庚午病免。荆道乾安徽巡抚。
巡抚。七月丁卯解。岳起代。

	琅玕九月戊戌迁。伊桑阿
	初彭龄
	谢启昆
	陆有仁二月庚子迁。瑚图
	姜晟正月丁丑迁。祖之望
	倭什布
	张诚基
	阮元
	汪志伊
子，台布陕西巡抚。	台布九月辛未迁。陆有仁
	吴熊光
	伯麟
	陈大文正月己巳忧免。蒋
	荆道乾
	岳起
	嘉庆五年庚申

贵州巡抚。	伊桑
	初彭
	谢启
礼广东巡抚。	瑚图
代。九月辛未迁马慧裕湖南巡抚。	马慧
	倭什
	张诚
	阮元
	汪志
陕西巡抚。	陆有
	吴熊
	伯麟
兆奎山东巡抚。闰四月己未休。惠龄代。	惠龄
	荆道
	岳起
	嘉庆

阿三月癸未罢。孙日秉贵州巡抚。七月癸未

龄二月癸未来京。伊桑阿云南巡抚。七月癸

昆

礼

裕

布四月壬戌解。全保湖北巡抚。

基

伊十二月戊辰病。李殿图福建巡抚。

仁

光四月壬戌迁。颜检河南巡抚。

十一月丁丑迁。和宁山东巡抚。

乾十月病免。和宁安徽巡抚。十二月戊辰调。

六年辛酉

畏。常明代。	常明八月壬寅解。富尼善
未速问。孙日秉代。	孙日秉十月甲子另简。初
	谢启昆七月己卯卒。孙玉
	瑚图礼十一月庚寅迁。那
	马慧裕四月甲辰迁。高杞
	全保
	张诚基十一月庚寅革。秦
	阮元
	李殿图
	陆有仁十一月庚午卒。祖
	颜检四月甲辰迁。马慧裕
	伯麟
	和宁七月乙未免。祖之望
王汝璧代。	王汝璧
	岳起
	嘉庆七年壬戌

兼。九月乙亥卒。福庆贵州巡抚。初彭龄署。十

彭龄署。十一月庚寅，永保云南巡抚。那彦宝

庭广西巡抚。

彦成暂署。铁保广东巡抚。

湖南巡抚。

承恩江西巡抚。

之望陕西巡抚。

河南巡抚。

山东巡抚。十一月庚午迁。倭什布代。

														署。	月甲子迁。百龄护。									
嘉庆八年癸亥	岳起五月迁。汪志伊江苏	阿林保十二月甲子迁。王	倭什布正月庚午迁。铁保	伯麟	马慧裕	祖之望八月丁卯迁。方维	李殿图	阮元	秦承恩	全保	高杞十二月甲子来京。阿	铁保正月庚午迁。瑚图礼	孙玉庭九月乙巳迁。百龄	永保	福庆									

广西巡抚。

仍回，八月丁卯病免。祖之望广东巡抚。九月

林保湖南巡抚。赓音布署。

甸陕西巡抚。

山东巡抚。

汝璧安徽巡抚。

巡抚。

福庆	
永保	
百龄十一月甲寅迁。孙玉	
孙玉庭十一月甲寅迁。百	乙巳假。孙玉庭代。
阿林保	
全保九月丙午忧。瑚图礼	
秦承恩	
阮元	
李殿图	
方维甸	
马慧裕	
伯麟七月己亥迁。同兴山	
铁保	
王汝璧十二月戊午迁。长	
汪志伊	
嘉庆九年甲子	

	福庆
	永保
庭广西巡抚。恩长暂护。	孙玉庭六月庚申迁。
龄广东巡抚。	百龄六月庚申迁。孙
	阿林保
署湖北巡抚。	瑚图礼
	秦承恩闰六月癸未
	阮元闰六月乙己忧。
	李殿图
	方维甸
	马慧裕
西巡抚。张师诚护。	同兴
	铁保正月辛亥迁。全
龄安徽巡抚。	长龄十一月丙辰迁。
	汪志伊
	嘉庆十年乙丑

汪日章广西巡抚。
玉庭广东巡抚。
迁。清安泰江西巡抚。乙巳迁。秦承恩署。十月
清安泰浙江巡抚。
保署。十一月丙辰迁。长龄山东巡抚。
成宁安徽巡抚。

	福庆
	永保
	汪日章八月庚寅迁。恩
	孙玉庭
	阿林保五月丙寅迁。景
	瑚图礼十一月己未迁。
戊子来京，温承惠代。	温承惠二月己亥迁。李
	清安泰
	李殿图二月己亥迁。温
	方维甸
	马慧裕
	同兴九月癸丑来京，成
	长龄
	成宁九月癸丑迁。初彭
	汪志伊八月庚寅迁。汪
	嘉庆十一年丙寅

长广西巡抚。

安湖南巡抚。

章煦湖北巡抚。

殿图江西巡抚。三月乙卯来京，景安代。五月

承惠福建巡抚。十月丁亥迁。阮元代。癸卯病

宁山西巡抚。

龄安徽巡抚。

日章江苏巡抚。

	福
	永
	恩
	孙
	景
	章
丙寅迁。张师诚代。十月癸卯迁。金光悌代。	金
	清
免。张师诚福建巡抚。	张
	方
	马
	成
	长
	初
	汪
	嘉

庆
保
长
玉庭
安
熙十二月己丑假。董教增湖北巡抚。
光佛
安泰十二月癸未迁。阮元浙江巡抚。
师诚
维甸
慧裕十二月癸未迁。清安泰河南巡抚。
宁
龄五月己未迁。吉纶山东巡抚。杨志信护。
彭龄五月丁未忧免。董教增安徽巡抚。十二
日章
庆十二年丁卯

	福庆九月己丑降。章煦
	永保十月甲辰调。章煦
	恩长
	孙玉庭十月甲辰迁。永
	景安
	章煦六月乙巳迁。常明
	金光悌十二月庚申迁。
	沅元
	张师诚
	方维甸
	清安泰
	成宁
	吉纶十二月庚申迁。百
月己丑迁。鄂云布护。	董教增
	汪日章
	嘉庆十三年戊辰

贵州巡抚。十月甲辰迁。孙玉庭代，福庆暂护。

云南巡抚。

保广东巡抚。十一月壬午迁。韩崶代。

湖北巡抚。

吉纶江西巡抚。

龄山东巡抚。

嘉庆十四年己巳	汪日章七月庚午革。蒋攸铦江苏巡抚。八月	董教增	百龄正月丁卯迁。吉纶山东巡抚。	成宁七月庚午迁。金应琦山西巡抚。八月丙	清安泰四月壬子卒，恩长河南巡抚钱楷护。	方维甸七月庚午迁。成宁陕西巡抚。十二月	张师诚	阮元八月庚戌来京，蒋攸铦浙江巡抚。庆保	吉纶正月丁卯迁。先福江西巡抚。	常明	景安	韩崶	恩长四月壬子迁。许兆椿广西巡抚。十二月	章煦八月庚戌迁。同兴云南巡抚。	孙玉庭四月丁午革。初彭龄贵州巡抚。章煦									

署。五月辛酉，彭龄留京。鄂云布贵州巡抚。

辛卯迁。钱楷广西巡抚。

护。

乙巳革。初彭龄陕西巡抚。

午疾，初彭龄署。十一月应琦迁。彭龄补十二

庚戌迁，章煦江苏巡抚。

	鄂云布
	同兴二月丙申迁。孙玉庭
	钱楷十一月甲子迁。成林
	韩崶
	景安
	常明二月丙申迁。同兴湖
	先福
	蒋攸铦十一月甲子迁。同
	张师诚
	初彭龄二月庚戌降。三月
	恩长
月乙巳迁。衡龄代。	衡龄
	吉纶
	董教增三月丙辰迁。广厚
	章煦
	嘉庆十五年庚午

	鄂云
云南巡抚。	孙玉
广西巡抚。	成林
	韩崶
	景安
北巡抚。十一月甲子迁。钱楷代。	钱楷
	先福
兴浙江巡抚。十二月己亥，蒋攸铦仍回。	蒋攸
	张师
丙辰，董教增陕西巡抚。	董教
	恩长
	衡龄
	吉伦
安徽巡抚。	广厚
	章煦
	嘉庆

布二月降。闰三月丁未，颜检贵州巡抚。

庭

七月壬午病免。广厚湖南巡抚。

四月癸酉来京，张映汉湖北巡抚。

铨九月乙未迁。铁保浙江巡抚。辛丑迁。高杞

诚

增

五月乙未降。长龄河南巡抚。

八月甲寅忧。成宁山西巡抚。十一月辛丑迁，

闰三月丁未迁。同兴山东巡抚。

七月壬午迁。钱楷安徽巡抚。

十六年辛未

	嘉庆十七年壬申
	章煦三月庚子迁。朱理江苏巡抚。
	钱楷八月乙丑卒。胡克家安徽巡抚。
	同兴
衡龄署。	衡龄
	长龄
	董教增
	张师诚
代。	高杞
	先福
	张映汉
	广厚
	韩封
	成林
	孙玉庭
	颜检五月己丑来京，景敏贵州巡抚。

景敏三月甲戌卒。许兆椿贵州巡抚。
孙玉庭
成林
韩崶十月丙申迁。董教增广东巡抚。
广厚
张映汉
先福
高杞三月甲戌迁。方受畴浙江巡抚。七月甲
张师诚
董教增十月丙申迁。朱勋陕西巡抚。
长龄七月甲申迁。方受畴河南巡抚。己丑假
衡龄
同兴
胡家克
朱理
嘉庆十八年癸酉

	许兆椿正月癸未迁。庆保贵
	孙玉庭
	成林二月丙辰迁。台斐音广
	董教增
	广厚
	张映汉
	先福三月癸卯迁。阮元江西
申迁，李奕畴代。	李奕畴四月壬午迁。许兆椿
	张师诚三月癸卯迁。陈豫福
	朱勋
高杞署。	方受畴
	衡龄
	同兴七月乙未来京，章煦署。
	胡家克
	朱理三月癸卯迁。张师诚江
	嘉庆十九年甲戌

州巡抚。

西巡抚。

巡抚。

浙江巡抚。五月丙申疾免。陈豫代。七月辛亥

建巡抚。五月丙申迁。王绍兰代。

辛亥，陈豫山东巡抚。

苏巡抚。六月乙亥假。初彭龄署。

	庆保二月甲申迁。曾燠贵州巡抚。
	孙玉庭十二月壬子迁。陈若霖云
	台斐音二月甲申卒。庆保广西巡
	董教增
	广厚八月丁丑卒。巴哈布湖南巡
	张映汉
	阮元
迁。颜检任。	颜检十二月壬子革。孙玉庭浙江
	王绍兰
	朱勋
	方受畴
	衡龄
	陈豫
	胡克家
	初彭龄正月丁酉降。张师诚任。
	嘉庆二十年乙亥

	曾燠三月戊申终养。文宁贵州巡抚。
南巡抚。	陈若霖
抚。	庆保
	董教增
抚。	巴哈布
	张映汉五月辛卯迁。杨护湖北巡抚。
	阮元六月戊寅迁。钱臻江西巡抚。
巡抚。	孙玉庭五月辛卯迁。张映汉浙江巡
	王绍兰
	朱勋
	方受畴六月戊寅迁。阮元河南巡抚。
	衡龄
	陈豫
	胡家克四月乙亥迁。康绍庸安徽巡
	张师诚四月乙亥革。胡家克江苏巡
	嘉庆二十一年丙子

十一月壬子免。朱理代。	朱理
	陈若霖三月甲辰迁。
	庆保九月癸丑迁。叶
	董教增三月甲辰迁。
	巴哈布
六月壬戌迁。张映汉回。	张映汉
	钱臻
抚。六月壬戌迁。杨护代。	杨护
	王绍兰五月庚午革。
	朱勋
十一月壬子迁。文宁代。	文宁十二月乙未解。
	衡龄七月乙丑降。和
	陈豫
抚。抚。	康绍镛
抚。	胡克家九月乙丑卒。
	嘉庆二十二年丁丑

李尧栋云南巡抚。九月乙丑迁。李銮宣代。十

绍楏广西巡抚。

陈若霖广东巡抚。

史致光福建巡抚。

和舜武河南巡抚。

舜武山西巡抚。十二月乙未迁。成格代。

李尧栋江苏巡抚。十月辛巳仍留本任。陈桂

	嘉庆二十三年戊寅
生代。	陈桂生
	康绍镛
	陈豫四月丁亥降。和舜
	成格
	和舜武四月丁亥迁。陈
	朱勋
	史致光
	杨护七月辛亥降。程国
	钱臻
	张映汉
	巴哈布九月庚申召。吴
	陈若霖四月丁亥迁。李
	叶绍楏十月乙酉解。赵
月辛巳卒。尧栋仍留。	李尧栋
	朱理

	朱理四月癸酉卒。韩克均贵
	李尧栋五月戊辰迁。史致光
慎畛广西巡抚。	赵慎畛
鸿宾广东巡抚。	李鸿宾闰四月壬辰迁。康绍
邦庆湖南巡抚。	吴邦庆六月壬子迁。李尧栋
	张映汉
	钱臻
仁浙江巡抚。	程国仁三月丙午迁。陈若霖
	史致光五月戊辰迁。李尧栋
	朱勋
若霖河南巡抚。	陈若霖三月丙午迁。琦善河
	成格
武山东巡抚。	和舜武三月丙午卒。程国仁
	康绍镛闰四月壬辰迁。姚祖
	陈桂生
	嘉庆二十四年己卯

州巡抚。九月戊子迁。毓岱代。

云南巡抚。

镛广东巡抚。

湖南巡抚。

浙江巡抚。

福建巡抚。六月壬子迁。吴邦庆代。九月戊子

南巡抚。

山东巡抚。

同安徽巡抚。

	毓岱四月乙亥迁。明山贵州巡
	史致光十二月丁亥迁。韩克均
	赵慎畛
	康绍镛
	李尧栋十一月戊辰召。左辅湖
	张映汉四月丁亥迁。毓岱湖北
	钱臻三月癸酉迁。[illegible]弼江西巡
	陈若霖十二月丙午调。承瀛浙
迁。韩均克授。	韩克均十二月丁亥迁。颜检福
	朱勋
	琦善三月甲申革。四月乙亥，姚
	成格
	程国仁三月癸酉病解。钱臻山
	姚祖同四月乙亥迁。吴邦庆安
	陈桂生十一月戊辰来京。魏元
	嘉庆二十五年庚辰

抚。	贵州	明
云南巡抚。	云南	韩
	广西	赵
	广东	康
南巡抚。	湖南	左
巡抚。	湖北	毓
抚。	江西	璐
江巡抚。	浙江	承
建巡抚。	福建	颜
	陕西	朱
祖河南巡抚。	河南	姚
	山西	成
东巡抚。	山东	钱
徽巡抚。十二月乙未来京，李鸿宾代。	安徽	李
煜江苏巡抚。	江苏	魏
	道光元	

山
克均
慎畛
绍镛六月辛巳来京，张师诚广东巡抚。八月
辅
岱七月丁卯迁。杨懋恬湖北巡抚。
弼七月丁卯卒。毓岱江西巡抚。
瀛
检
勋九月己巳迁。卢坤署陕西巡抚。
祖同
格十二月戊子降。邱树棠山西巡抚。叶世倬
臻六月甲辰降。琦善山东巡抚。
鸿宾六月戊戌迁。孙尔准安徽巡抚。八月丙
元煜
年辛巳

	明
	韩
	赵
丙午迁。孙尔准代。十月丁亥迁。嵩孚代。	嵩
	左
	杨
	毓
	承
	颜
	朱
	姚
护。	邱
	琦
午迁。张师诚代。十月丁亥忧。孙尔准仍任。	孙
	魏
	道

山六月乙未迁。嵩孚贵州巡抚。

克均

禛盼八月戊申迁。卢坤广西巡抚。九月庚子

孚六月壬戌迁。罗含章广东巡抚。十二月癸

辅

懋恬

岱五月壬午以病免。阿霖江西巡抚。

瀛

检正月壬子迁。叶世倬福建巡抚。

勋五月戊戌卸。程祖洛陕西巡抚。七月甲申

祖同七月甲申迁。程祖洛河南巡抚。王鼎署。

树棠

善十二月癸丑忧，程含章山东巡抚。杨健护。

尔准

元煜九月庚寅迁。韩文绮江苏巡抚。

光二年壬午

道光三年	
韩文绮	
孙尔准正	
程含章三	
邱树棠	
程祖洛	
卢坤	迁。程国仁代。九月庚子迁。卢坤补。
叶世倬正	
承瀛	
阿霖三月	
杨懋恬	
左辅二月	
陈中孚	丑调。陈中孚代。
成格十一	调。成格广西巡抚。
韩克均	
嵩孚二月	

辛丑调。程国仁贵州巡抚。	程国仁八
	韩克均
月乙亥迁。毓岱广西巡抚。嵩溥署。	毓岱三月
	陈中孚
辛丑来京，嵩孚湖南巡抚。	嵩孚
	杨懋恬
戊戌召。程含章江西巡抚。	程含章二
	承瀛九月
月癸酉休。孙尔准福建巡抚。	孙尔准
	卢坤
	程祖洛
	邱树六月
月戊戌调。琦善署山东巡抚。	琦善十二
月癸酉调。陶澍安徽巡抚。	陶澍十二
	韩文绮闰
癸未	道光四年

月庚辰忧。苏明阿贵州巡抚。

甲子调。康绍镛广西巡抚。

月甲辰调。嵩溥护。三月甲子，毓岱江西巡抚。

壬寅忧。黄鸣杰署浙江巡抚。

乙巳降。张师诚山西巡抚。苏成额护。张师诚

月戊辰假。纳尔经额暂护山东巡抚。

月戊寅觐。徐承恩护安徽巡抚。

七月辛丑降。张师诚江苏巡抚。十二月诚端

甲申

	苏
	韩
	康
	陈
	嵩
	杨
八月丁亥免。成格代。	成
	黄
	孙
	卢
	程
闰七月辛丑调。朱桂贞代。辛亥忧。福绵代。	福
	琦
	陶
护。	张
	道

明阿九月丁亥降。嵩溥贵州巡抚。吴荣光护。

克均九月乙酉调。伊里布署云南巡抚。

绍镛八月丁巳调。苏成额广西巡抚。

中孚八月己未调。成格广东巡抚。

孚八月丁巳迁。康绍镛湖南巡抚。

懋恬

格八月己未调。武隆阿江西巡抚。九月乙酉

鸣杰三月甲辰来京，程含章浙江巡抚。

尔准九月乙酉调。韩克均福建巡抚。孙尔准

坤四月辛未忧。伊里布陕西巡抚。五月戊申

祖洛

绵

善五月戊申调。伊里布山东巡抚。六月癸酉

澍五月甲辰调。张师诚安徽巡抚。

师诚五月甲辰调。陶澍江苏巡抚。

光五年乙酉

十月假。富呢扬阿护。

调。韩文绮代。

暂兼。

调。鄂山代。九月乙酉，邓廷桢护。十月庚辰，阿

忧。讷尔经额护。九月乙酉，武隆阿代。

						山回任。																		
道光六年丙戌	陶澍	张师诚四月甲戌召。邓廷桢安徽巡	武隆阿七月壬午差。陈中孚署山东	福绵	程祖洛	鄂山七月壬午调。徐炘护陕西巡抚。	韩克均	程含章十一月癸卯调。刘彬士署浙	韩文绮	杨懋恬七月壬午来京。嵩孚兼署。十	康绍镛	成格	苏成额	伊里布	嵩溥									

二月癸丑，杨健湖北巡抚。

江巡抚。富呢扬阿护。

巡抚，讷尔经额护。十一月癸卯中孚卒。程含

抚。

	道光七年丁亥
	陶澍
	邓廷桢
章署。	程含章闰五月癸酉来京，长龄暂署。七
	福绵八月丙申调。卢坤山西巡抚。
	程祖洛九月庚午忧。杨国桢河南巡抚。
	鄂山
	韩克均
	刘彬士
	韩文绮
	杨健
	康绍镛
	成格
	苏成额
	伊里布
	嵩溥

月乙巳，卢坤山东巡抚。八月丙申调。琦善援。

道光八年戊子	陶澍	邓廷桢	琦善	卢坤八月己卯调。徐炘山西巡抚。	杨国桢	鄂山	韩克均	刘彬士	韩文绮	杨健	康绍镛	成格八月己卯迁。卢坤广东巡抚。	苏成额	伊里布	嵩溥								
道光九年	陶澍	邓廷桢	琦善三月	徐炘	杨国桢	鄂山	韩克均	刘彬士	韩文绮十	杨健	康绍镛	卢坤	苏成额	伊里布	嵩溥								

嵩溥	
伊里布	
苏成额十一	
卢坤八月壬	
康绍镛六月	
杨健十一月	
吴光悦	月甲申迁。吴光悦江西巡抚。
刘彬士十月	
韩克均	
鄂山九月戊	
杨国桢	
徐炘九月戊	
讷尔经额	戊午来京，讷尔经额山东巡抚。
邓廷桢	
陶澍六月辛	
道光十年庚	己丑

月壬午调。祁𡎴广西巡抚。
午调。朱桂桢广东巡抚。李鸿宾兼署。
乙未来京。程祖洛湖南巡抚。十一月壬午调。
丙寅降。杨怿曾湖北巡抚。
戊子降。富呢阿浙江巡抚。
午调。徐炘署陕西巡抚。丁丑来京，颜伯焘署。
午调。阿勒清阿山西巡抚。
卯迁。卢坤江苏巡抚。十一月壬午调。程祖洛
寅

	嵩溥
	伊里布
	祁墳
	朱桂桢
苏成额代。	苏成额八月壬寅迁。吴荣光湖南
	杨怿曾
	吴光悦十二月乙巳，吴邦庆江西
	富呢扬阿
	韩克均正月丙子休。魏元烺福建
	史谱
	杨国桢
	阿勒精阿
	讷尔经额
	邓廷桢
代。	程祖洛
	道光十一年辛卯

	嵩溥
	伊里布
	祁顼
	朱桂桢
巡抚。	吴荣光
	杨怿曾
巡抚。	吴邦庆二月乙未调。周之琦江西巡抚。
	富呢扬阿
巡抚。	魏元烺
	史谱
	杨国桢
	阿勤精阿九月甲辰解。尹齐源山西巡
	讷尔经额八月甲午调。钟祥山东巡抚。
	邓廷桢
	程祖洛二月乙未调。林则徐江苏巡抚。
	道光十二年壬辰

	嵩溥九月壬
	伊里布
	祁埙七月壬
	朱桂桢七月
	吴荣光
	杨怿曾正月
	周之琦
	富呢扬阿
	魏元烺
	史谱九月壬
	杨国桢
抚。邱鸣泰护。丁未降。鄂顺安署。	尹济源四月
	钟祥
	邓廷桢
	林则徐
	道光十三年

辰调。史谱贵州巡抚。十一月丙辰迁。裕泰代。

辰调。惠吉广西巡抚。

壬辰免。祁𡎴广东巡抚。

丁酉免。麟庆湖北巡抚。三月戊戌迁。鄂顺安

辰调。杨名飏陕西巡抚。

辛丑调。鄂顺山西巡抚。

癸巳

裕泰	
伊里布	
惠吉	
祁埙	
吴荣光	
尹济源	代。四月辛丑，尹济源代。
周之琦	
富呢扬阿十一月庚	
魏元烺	
杨名飏	
杨国桢七月壬午免。	
鄂顺安	
钟祥	
邓廷桢	
林则徐	
道光十四年甲午	

道光十五年乙未	
林则徐	
邓廷桢七月庚辰	
钟祥	
鄂顺安九月乙卯	
桂良	桂良河南巡抚。栗毓美护。
杨名飏	
魏元烺	
乌尔恭额	辰迁。乌尔恭额浙江巡抚。
周之琦	
尹济源	
吴荣光	
祁埙	
惠吉	
伊里布二月己亥	
裕泰	

裕泰正月	
何煊	迁。何煊云南巡抚。
惠吉四月	
祁𡎴	
吴荣光正	
尹济源二	
周之琦二	
乌尔恭额	
魏元烺	
杨名飏九	
桂良	
申启贤	降。申启贤山西巡抚。
钟祥七月	
色卜星额	调。色卜星额安徽巡抚。佟景文护。
林则徐	
道光十六	

乙巳调。贺长龄贵州巡抚。

癸亥来京。梁章钜广西巡抚。

月辛丑降。乙巳裕泰湖南巡抚。

月丙辰免。周之琦湖北巡抚。

月丙辰调。陈銮江西巡抚。

月庚寅革。汤金钊暂署。壬辰，富呢扬阿陕西

癸未调。经额布山东巡抚。刘斯嵋护。

年丙申

	道光十七年丁酉
	林则徐正月庚子调。陈銮江苏巡抚。
	色卜星额
	经额布
	申启贤
	桂良
巡抚。	富呢扬阿
	魏元煶
	乌尔恭额
	陈銮正月庚子调。裕泰江西巡抚。
	周之琦
	裕泰正月庚子调。讷尔经额湖南巡抚。
	祁𡎴
	梁章钜
	何煊四月甲子卒。颜伯焘云南巡抚。
	贺长龄

贺长龄	
颜伯焘	
梁章钜	
祁埙二月	
钱宝琛九	九月癸巳来京，钱宝琛代龚绶护。
周之琦四	
裕泰九月	
乌尔恭额	
魏元烺	
富呢扬阿	
桂良	
申启贤	
经额布	
色卜星额	
陈銮	
道光十八	

	贺长龄
	颜伯焘
	梁章钜
乙巳迁。怡良广东巡抚。邓廷桢兼署。	怡良
月辛酉调。裕泰湖南巡抚。	裕泰
月甲子丁忧。伍长华湖北巡抚。	伍长华
辛酉调。钱宝琛江西巡抚。赵炳言护。	钱宝琛
	乌尔恭
	魏元烺
	富呢扬
	桂良三
	申启贤
	经额布
	色卜星
	陈銮三
年戊戌	道光十

额
四月辛未来京。吴文镕福建巡抚。
阿
月乙巳调。朱澍河南巡抚。四月丁丑调。周天
十月丁卯卒。杨国桢山西巡抚。
八月庚午迁。托浑布山东巡抚。
额十一月甲辰卒。程懋采安徽巡抚。
月乙巳调。裕谦署江苏巡抚。
九年己亥

	贺长龄
	颜伯焘九月辛卯
	梁章钜
	怡良九月辛卯，暂
	裕泰十一月癸丑
	伍长华十二月甲
	钱宝琛
	乌尔恭额六月甲
	吴文镕十二月己
	富呢扬阿
爵代。六月丙寅调。牛鉴补。	牛鉴
	杨国桢
	托浑布
	程懋采
	裕谦七月丁酉调。
	道光二十年庚子

迁。张澧中云南巡抚。

署两广总督。

调。丙辰，吴其浚湖南巡抚。

戊革。己卯吴文溶湖北巡抚。裕泰兼署。

申革。刘韵珂浙江巡抚。宋其沅护。

卯调。刘鸿翱福建巡抚。

邵甲名署江苏巡抚。十二月庚午调。程矞采

	贺长龄
	张澧中
	梁章钜闰三月丁卯调。周之琦广西巡抚。
	怡良八月丁酉差。梁宝常广东巡抚。
	吴其浚
	吴文溶五月壬午调。钱宝琛湖北巡抚。七
	钱宝琛五月壬午调。吴文溶江西巡抚。
	刘韵珂
	刘鸿翱
	富呢扬阿
	牛鉴九月丙辰迁。鄂顺安署河南巡抚。
	杨国桢十二月戊子迁。梁萼涵山西巡抚。
	托浑布
	程懋采
署。	裕谦闰三月丁卯迁。梁章钜江苏巡抚。十
	道光二十一年辛丑

	贺长龄
	张澧中
	周之琦
	梁宝常十二
	吴其浚
月己卯免。八月庚子，赵炳言代。	赵炳言
	吴文镕
	刘韵珂五月
	刘鸿翱
	富呢扬阿三
	鄂顺安
	梁萼涵
	托浑布五月
	程懋采
二月乙巳免。程矞采代。	程矞采九月
	道光二十二

月己亥调。程矞采广东巡抚。

癸酉假。卞士云署浙江巡抚。

月丙子迁。璧昌陕西巡抚。陶廷杰署。璧昌九

戊辰差。麟魁署。十二月己未，程矞采山东巡

己未革。孙宝善江苏巡抚。

年壬寅

	贺长龄
	张澧中闰七月
	周之琦
	程矞采
	吴其浚五月戊
	赵炳言
	吴文镕
	刘韵珂五月戊
	刘鸿翱
月乙亥迁。李星沅陕西巡抚。	李星沅
	鄂顺安
	梁萼涵
抚。己亥调。梁宝常代。	梁宝常十二月
	程懋采十一月
	孙宝善
	道光二十三年

甲午来京。吴其浚云南巡抚。

辰调。陆费瑔湖南巡抚。

辰迁。吴其浚浙江巡抚。闰七月甲午调。管橘

甲辰调。崇恩山东巡抚。

壬午调。王植安徽巡抚。

癸卯

群代。十一月辛巳，王植补。壬午调。程懋采任。

	贺长龄
	吴其浚
	同之琦
	程矞采
	陆费瑔
	赵炳言十月甲午
	吴文镕
十二月甲辰卒。梁宝常代。	梁宝常
	刘鸿翱
	李星沅
	鄂顺安
	梁萼涵
	崇恩十月癸未觐。
	王植
	孙宝善
	道光二十四年甲

	贺长龄四月癸卯迁。甲辰乔用
	吴其浚四月甲辰调。惠吉云南
	周之琦
	程矞采正月庚午调。黄恩彤广
	陆费瑔
觐。裕泰兼署。	赵炳言
	吴文镕
	梁宝常
	刘鸿翱二月乙卯免。惠吉福建
	李星沅正月庚午调。惠吉陕西
	鄂顺安
	梁萼涵八月辛丑调。吴其浚山
王驾护。	崇恩
	王植
	孙宝善正月庚午免。李星沅江
辰	道光二十五年乙巳

迁。贵州巡抚。

巡抚。四月壬子迁。郑祖琛代。八月辛丑调。梁

东巡抚。

巡抚。徐继畬署。四月甲辰，吴其浚代。八月辛

巡抚。二月卯乙调。邓廷桢代。李星沅署。

西巡抚。

苏巡抚。陈继昌署。

	乔用迁
萼涵补。	梁萼涵正月壬午免。陆建瀛
	周之琦十月丙寅免。徐继畬
	黄恩彤十二月癸丑革。徐广
	陆费瑔
	赵炳言
	吴文镕
	梁宝常十月庚午觐。存兴护
王调。郑祖琛补。	郑祖琛十二月丙子调。徐继
	邓廷桢三月乙酉卒。林则徐
	鄂顺安
	吴其濬十二月丁卯免。王兆
	崇恩
	王植
	李星沅八月乙亥迁。陆建瀛
	道光二十六年丙午

云南巡抚。八月乙亥调。张日晸云南巡抚。九

广西巡抚。十二月丙子调。郑祖琛代。

缗广东巡抚。耆英兼署。

浙江巡抚。

畲福建巡抚。

陕西巡抚。裕康署。十一月己酉假。杨以垣护。

琛山西巡抚。潘铎署。

江苏巡抚。陆荫署。九月戊申，程矞采署。

月丁未忧。徐广缙代。十二月癸丑调。程矞采

道光二十七年丁未
陆建瀛
王植
崇恩十一月壬辰来京。张沣中山东巡抚。
王兆琛
鄂顺安
林则徐三月乙未调。杨以增陕西巡抚。
徐继畬
梁宝常
吴文镕
赵炳言
陆费瑔
徐广缙十二月甲戌调。叶名琛护广东巡
郑祖琛
程矞采
补。
乔用迁

	道光二十八年戊申
	陆建瀛
	王植
陈孚恩署。	张澧中六月癸卯卒。徐泽醇山东
	王兆琛
	鄂顺安八月丁巳革。潘泽河南巡
	杨以增九月甲戌迁。陈士枚陕西
	徐继畬
	梁宝常六月丙辰忧。傅绳勋浙江
	吴文溶六月庚午调。傅绳勋江西
	赵炳言
	陆费瑔
抚。	叶名琛
	郑祖琛
	程矞采
	乔用迁九月癸巳觐。罗绕典署。贵

州巡抚。	乔用
	程矞
	郑祖
	叶名
	陆费
	赵炳
巡抚。费开绶署。	傅绳
巡抚。刘尧海署。庚午，吴文溶代。	吴文
	徐继
巡抚。十二月丙寅革。恒春署。张祥河代。	张祥
抚。钟祥署。	潘铎
	王兆
巡抚。	徐泽
	王植
	陆建
	道光

迁
采七月己未迁。张日晸云南巡抚。程矞采兼
琛
琛
瑔闰四月癸酉忧。赵炳言湖南巡抚。七月戊
言闰四月癸酉调。罗绕典湖北巡抚。十一月
勋四月壬寅调。费开绶江西巡抚。
溶
畲
河
琛五月己未革逮。季芝昌山西巡抚。兆那苏
醇九月己酉迁。陈庆偕山东巡抚。刘源灏署。
瀛四月壬寅迁。傅绳勋江苏巡抚。程焕署。
二十九年己酉

署。

戌迁。冯德馨代。
甲辰忧。龚裕代。

图署。八月丙戌季芝昌迁。龚裕代。十一月甲

	乔用迁
	张日晸八月癸亥卒。
	郑祖琛十月壬午革。
	叶名琛
	冯德馨二月辛巳来
	龚裕
	费开绶八月壬午开
	吴文镕十一月丙午
	徐继畬
	张祥河
	潘铎
辰调。湖北兆那苏图任。	兆那苏图
	陈庆偕
	王植
	傅绳勋
	道光三十年庚戌

张亮基云南巡抚。

林则徐暂署。十一月庚子卒。周天爵署广西

京。万贡珍署。三月丙寅，骆秉章湖南巡抚。

缺。陈阡江西巡抚。陆元烺暂署。十二月辛未，

迁。常大淳浙江巡抚。

巡抚。劳崇光暂署。
陈阡革。陆应谷代。

清史稿卷二〇四
表第四四

疆臣年表八 各省巡抚

	江苏	安徽	山东	山西	河南	陕西	福建	浙江	江西	湖北	湖南	广东	广西	云南	贵州									
咸丰元年辛亥	傅绳勋二月壬	王植五月癸卯	陈庆偕九月己	兆那苏图	潘铎八月癸亥	张祥河	徐继畬三月己	常大淳未任，汪	陆应谷九月丙	龚裕	骆秉章	叶名琛	周天爵三月己	张亮基	乔用迁十月庚									

寅卒。蒋蔚远贵州巡抚。吕佺孙署。

酉免。劳崇光署。癸丑，邹鸣鹤广西巡抚。

辰召。王植署江西巡抚。

本铨署。

酉召。裕泰署。五月己酉，王懿德福建巡抚。季

降。李僡河南巡抚。甲子，蒋蔚远署。

卯假。刘源灏署山东巡抚。

迁。蒋文庆安徽巡抚。

午免。杨文定江苏巡抚。

	蒋霨远
	张亮基五月
	邹鸣鹤四月
	叶名琛七月
	骆秉章五月
	龚裕五月庚
	王植三月戊
	常大淳五月
芝昌兼署。九月十三假。庆端署。	王懿德
	张祥河
	李淳二月丁
	兆那苏图八
	陈庆偕二月
	蒋文庆
	杨文定
	咸丰二年壬

壬子迁。黄宗汉云南巡抚。庚申迁。吴振棫代。

丙午革。劳崇光广西巡抚。

壬申调。柏贵广东巡抚。

壬子召。张亮基湖南巡抚。十二月辛丑迁。潘

申议。常大淳湖北巡抚。八月癸巳迁。罗绕典

壬免。陆元烺署。八月甲申，罗绕典署。八月癸

庚申迁。黄宗汉浙江巡抚。春寿署。

亥迁。柏贵代。四月己酉陆应谷署。十一月戊

月癸亥卒。常大淳山西巡抚。郭梦龄署。十二

丁亥免。李僡山东巡抚。刘源灏暂署。

子

锋。署。

代。十月壬辰迁，崇纶补。十二月己卯，大淳殉。

巳。迁。张芾署江西巡抚。

中迁。琦善署。十二月己亥，陆应谷河南巡抚。

月辛丑，易棠代。哈芬署。

	蒋霨远
	吴振棫
	劳崇光
	柏贵
	潘铎三月丁巳免。骆秉章湖南巡
骆秉章署。	崇纶
	张芾
	黄宗汉
	王懿德
	张祥河十一月壬寅召。王庆云陕
	陆应谷九月丙寅革。英桂河南巡
	易棠五月庚申迁。哈芬山西巡抚。
	李僡八月癸未卒。张亮基山东巡
	蒋文庆正月甲戌被害。周天爵署。
	杨文定二月壬辰调。联英暂理，丁
	咸丰三年癸丑

抚。

西巡抚。

抚。

八月戊子革。郭梦龄署。恒春补。

抚。崇恩署。

二月丁丑，李嘉瑞安徽巡抚。九月辛酉革。江

西免。倪良耀代办。三月壬子，许乃钊署江苏

忠源代。刘鉁暂署。十二月甲午，忠源殉。福济巡抚。

	咸丰四年甲寅
	许乃钊六月庚辰革。吉尔杭阿江苏巡抚。
补。	福济
	张亮基
	恒春十一月戊子迁。王庆云山西巡抚。
	英桂三月甲子假。郑敦谨署河南巡抚。
	王庆云十一月戊子迁。吴振棫陕西巡抚。
	王懿德正月戊午迁。吕佺孙福建巡抚。
	黄宗汉九月丁亥迁。何桂清浙江巡抚。
	张芾正月壬子革。陈启迈江西巡抚。
	崇纶二月甲午忧。青麟湖北巡抚。六月癸
	骆秉章
	柏贵
	劳崇光
	吴振棫十一月戊子迁，舒兴阿云南巡抚。
	蒋霨远

未，正法。杨霈代。九月辛未迁。曾国藩署。丙子

载龄署。

	蒋霨远
	舒兴阿
	劳崇光
	柏贵十月己巳觐见。叶
	骆秉章
陶恩培补。杨霈兼署。	陶恩培三月乙丑殉。胡
	陈启迈七月癸亥革。文
	何桂清
	吕佺孙
	吴振棫
	英桂
	王庆云
	崇恩
	福济
	吉尔杭阿
	咸丰五年乙卯

咸丰六年丙辰	
吉尔杭阿五月癸亥	
福济六月戊申假。毕	
崇恩	
王庆云	
英桂	
吴振棫八月戊子迁。	
吕佺孙十一月甲子	
何桂清十一月庚申	
文俊	俊江西巡抚。陆元烺署。
胡林翼	林翼署湖北巡抚。
骆秉章	
柏贵	名琛兼署广东巡抚。
劳崇光	
舒兴阿	
蒋霨远	

	蒋霨
	舒兴
	劳崇
	柏贵
	骆秉
	胡林
	文俊
病免。晏端书浙江巡抚。	晏端
假。庆瑞署福建巡抚。	吕佺
谭襄陕西巡抚。十二月己酉，曾望颜代。	曾望
	英桂
	王庆
	崇恩
承昭署安徽巡抚。	福济
殉。赵德辙江苏巡抚。	赵德
	咸丰

远

阿六月壬子来京。桑春荣云南巡抚。

光

十二月己未调。江国霖暂署广东巡抚。

章

翼

三月丁卯来京。耆龄江西巡抚。

书

孙正月辛亥免。庆端福建巡抚。

颜

云六月乙亥迁。恒福山西巡抚。十二月己巳

五月甲寅陛见。吴廷栋署山东巡抚。

辙

七年丁巳

蒋霨远	
桑春荣六月癸丑来京。张亮基	
劳崇光	
柏贵五月丙申假。毕承昭署广	
骆秉章	
胡林翼七月癸巳忧。官文兼署。	
耆龄	
晏端书七月庚子来京。胡兴仁	
庆端六月戊辰调。瑞瑸署福建	
曾望颜	
英桂四月戊申假。瑛棨署。八月	
恒福八月壬戌调。英桂山西巡	陛见。常绩署。
崇恩	
福济六月丁巳革。翁同书安徽	
赵德辙十二月丁巳免。徐有壬	
咸丰八年戊午	

	蒋霨远
云南巡抚。十一月己亥迁。徐之铭代。	徐之铭
	劳崇光
东巡抚。	柏贵四
	骆秉章
	胡林翼
	耆龄九
浙江巡抚。	胡兴仁
巡抚。	庆端四
	曾望颜
王戌，恒福河南巡抚。	恒福二
抚。	英桂
	崇恩八
巡抚。李孟群暂署。	翁同书
江苏巡抚。	徐有王
	咸丰九

十二月丙午假。海瑛署贵州巡抚。

四月己未迁。曹树钟广西巡抚。

月己未卒。劳崇光广东巡抚。毕承昭署。九月

月戊寅迁。恽光宸江西巡抚。

九月甲戌来京。罗遵殿浙江巡抚。

月壬戌迁。罗遵殿福建巡抚。瑞璸署。十一月

十月庚子迁。谭廷襄署陕西巡抚。

月壬戌迁。瑛棨河南巡抚。

月戊戌来京。文煜山东巡抚。

年己未

	咸丰十年庚申
	徐有壬四月癸巳殉。王
	翁同书
	文煜八月己卯入援，清
	英桂八月己卯入援，常
	瑛棨正月丁丑降。廉庆
	谭廷襄
庚寅假。庆端兼署。	瑞璸
	罗遵殿三月丁酉殉。王
	恽光宸三月甲午假。毓
	胡林翼
	骆秉章八月己卯赴川。
戊寅，崇光迁，耆龄代。	耆龄
	曹树钟闰三月丙午办
	徐之铭
	蒋霨远二月庚子卒。刘

源灏贵州巡抚。十月庚辰迁。邓尔恒代。

理军务。刘长佑广西巡抚。

翟诰署湖南巡抚。

科江西巡抚。

有龄浙江巡抚。

河南巡抚。八月己卯入援。贾臻署。十月壬午，

缵署山西巡抚。

盛署山东巡抚。十月文煜回任。

月甲午，薛焕江苏巡抚

咸丰十一年辛酉	
薛焕	
翁同书正月丙申来京。	
文煜正月丙午迁。谭廷	
英桂	
严树森十二月丁丑迁。	严树森代。贾臻汤署。
谭廷襄正月丙午迁。邓	
瑞璸	
王有龄十二月丁丑殉。	
毓科十二月辛未降。沈	
胡林翼八月辛未假。李	
翟诰二月辛巳来京。毛	
耆龄	
刘长佑	
徐之铭	
邓尔恒正月丙午迁。何	

冠英署。八月丙子卒。江忠义贵州巡抚。田兴

鸿宾湖南巡抚。文格暂署。

续宜兼署。九月甲辰，胡林翼卒。李续宜湖北

葆桢江西巡抚。

左宗棠浙江巡抚。

尔恒陕西巡抚。瑛棨署。五月乙未，尔恒被戕，

郑元善河南巡抚。

襄山东巡抚，清盛署。

李续宜安徽巡抚。九月甲辰，彭玉麟代。贾臻

同治	
江苏	
安徽	署。十二月丁丑，玉麟开缺。李续宜仍任。
山东	
山西	
河南	
陕西	瑛棨补。
福建	
浙江	
江西	
湖北	巡抚。十二月丁丑，迁。严树森代。
湖南	
广东	
广西	
云南	
贵州	恕署。十二月丙子，韩超署。

元年壬戌
薛焕三月己酉罢。李鸿章署江苏巡抚。
李续宜七月丁卯假。唐训方署安徽巡抚。
谭廷襄七月乙巳迁。十月庚子，阎敬铭山东
英桂
郑元善十一月壬子罢。张之万河南巡抚。
瑛棨
瑞璸正月丙午罢。徐宗干福建巡抚。厉恩官
左宗棠
沈葆桢
严树森
毛鸿宾
耆龄正月辛丑赴福建。劳崇光兼署。七月乙
刘长佑闰八月甲辰迁。张凯嵩广西巡抚。
徐之铭
韩超十一月乙亥罢。张亮基署。贵州巡抚。

	张亮基
	徐之铭三月乙卯罢。贾
	张凯嵩
巳，黄赞汤广东巡抚。	黄赞汤六月甲辰罢。郭
	毛鸿宾五月丙寅，恽世
	严树森
	沈葆桢
	左宗棠三月甲子迁。曾
署。	徐宗干
	瑛棨七月丙午罢。刘蓉
	张之万
	英桂十月壬寅迁。沈桂
巡抚。	阎敬铭
	唐训方十二月辛巳罢。
	李鸿章
	同治二年癸亥

	张亮基
洪诏云南巡抚。	贾洪诏八月壬
	张凯嵩
嵩焘署广东巡抚。	郭嵩焘
临湖南巡抚。	恽世临
	严树森四月癸
	沈葆桢
国荃浙江巡抚。左宗棠兼署。	曾国荃病免。九
	徐宗干
陕西巡抚。张集馨署。	刘蓉
	张之万
芬署山西巡抚。	沈桂芬
	阎敬铭
乔松年安徽巡抚。	乔松年
	李鸿章
	同治三年甲子

张亮	
林鸿	辰罢。林鸿年云南巡抚。
张凯	
郭嵩	
恽世	
吴昌	巳罢。吴昌寿湖北巡抚。唐训方署。
沈葆	
马新	月壬寅，马新贻浙江巡抚。左宗棠兼署。
徐宗	
刘容	
张之	
沈桂	
阎敬	
乔松	
李鸿	
同治	

基

年

嵩

焘

临二月丙子罢。李瀚章湖南巡抚。壬午，石赞

寿四月己巳迁。郑敦谨湖北巡抚。十一月壬

桢二月庚辰假。孙长绂护。五月乙卯，刘坤一

贻

干

八月乙未罢。赵长龄陕西巡抚。

万四月己巳迁。吴昌寿河南巡抚。

芬六月辛丑假。王榕吉护。己酉，曾国荃山西

铭

年

章四月癸巳迁。刘郇膏护江苏巡抚。

四年乙丑

	张亮基
	林鸿年正月甲申罢。刘岳昭
	张凯嵩
	郭嵩焘二月丙辰罢。蒋益澧
清护。	李瀚章
中迁。李鹤年代。	李鹤年正月丙戌迁。曾国荃
江西巡抚。	刘坤一
	马新贻
	徐宗干十一月丙寅卒。李福
	赵长龄正月丙戌迁。刘蓉暂
	吴昌寿正月丙戌罢。李鹤年
巡抚。	曾国荃正月丙戌迁。赵长龄
	阎敬铭
	乔松年八月戊子迁。英翰安
	刘郇膏四月庚子罢。郭柏荫
	同治五年丙寅

	张亮基八月
云南巡抚。	刘岳昭
	张凯嵩二月
广东巡抚。	蒋益澧十一
	李瀚章正月
湖北巡抚。	曾国荃十一
	刘坤一
	马新贻十二
泰福建巡抚。周开锡护。	李福泰十一
署。八月戊子，乔松年陕西巡抚。	乔松年
河南巡抚。	李鹤年
山西巡抚。	赵长龄
	阎敬铭二月
徽巡抚。	英翰十一月
署江苏巡抚。	郭柏荫二月
	同治六年丁

戊戌罢。曾璧光贵州巡抚。

癸丑迁。郭柏荫广西巡抚。吴昌寿署。七月庚

月乙亥罢。李福泰广东巡抚。

丙寅迁。刘昆湖南巡抚。

月丙申病免。郭柏荫湖北巡抚。何璟护。

月丁酉迁。李瀚章浙江巡抚。

月乙亥迁。卞宝第福建巡抚。

庚戌病免。丁宝桢山东巡抚。

癸亥假。张兆栋护安徽巡抚。英翰寻回。

癸丑迁，仍护。十二月丁酉，丁日昌江苏巡抚。

卯

	曾璧光
	刘岳昭二月癸丑迁。岑毓英云
辰，苏凤文代。	苏凤文
	李福泰
	刘昆
	郭柏荫
	刘坤一
	李瀚章
	卞宝第
	乔松年二月壬午病免。刘典署
	李鹤年
	赵长龄二月壬午罢。郑敦谨署
	丁宝桢
	英翰二月戊申卸。吴坤修署安
	丁日昌
	同治七年戊辰

	同治八年己巳
	丁日昌
徽巡抚。英翰寻回。	英翰
	丁宝桢
山西巡抚。	郑敦谨五月己亥迁。李宗
	李鹤年
陕西巡抚。	刘典十二月壬寅罢。蒋志
	卞宝第正月庚子假。英桂
	李瀚章十二月甲辰迁。杨
	刘坤一
	郭柏荫
	刘昆
	李福泰
	苏凤文
南巡抚。	岑毓英
	曾璧光

曾璧光	
岑毓英	
苏凤文十一月庚	
李福泰十一月庚	
刘昆	
郭柏荫	
刘坤一	
杨昌浚	昌浚浙江巡抚。
卞宝第七月丙戌	兼署福建巡抚。宝第寻回。
蒋志章	章陕西巡抚。
李鹤年	
李宗羲七月丙戌	羲山西巡抚。
丁宝桢	
英翰	
丁日昌闰十月丙	
同治九年庚午	

	曾璧
	岑毓
子卸。李福泰署广西巡抚。	李福
子迁。瑞麟兼署广东巡抚。	瑞麟
	刘昆
	郭柏
	刘坤
	杨昌
告养，何璟福建巡抚。丙戌迁。王凯泰代。	王凯
	蒋志
	李鹤
罢。何璟山西巡抚。	何璟
	丁宝
	英翰
子罢。张之万江苏巡抚。	张之
	同治

光
英
泰四月甲戌卒。康国器护。六月戊寅，刘长佑
四月甲戌，刘长佑广东巡抚。六月戊寅迁，张
十月乙丑罢。王文韶湖南巡抚。
荫
一
浚
泰
章十一月戊申卒。翁同爵陕西巡抚。十二月
年十一月己丑迁。钱鼎铭河南巡抚。
九月甲午改。鲍源深山西巡抚。
桢十月庚辰假。文彬署山东巡抚。丁宝桢寻
万九月庚子迁。何璟江苏巡抚。
十年辛未

	曾璧光
	岑毓英
广西巡抚。	刘长佑
兆栋代。	张兆栋
	王文韶
	郭柏荫
	刘坤一
	杨昌浚
	王凯泰
庚辰罢。邵亨豫署。	邵亨豫正月癸卯，谭钟麟
	钱鼎铭
	鲍源深
回。	丁宝桢
	英翰
	何璟二月丙寅迁。恩锡署。
	同治十一年壬申

护陕西巡抚。八月庚申，邵亨豫仍回。

七月丙戌，张树声江苏巡抚。十月丙子迁。恩

	曾璧光
	岑毓英
	刘长佑
	张兆栋
	王文韶
	郭柏荫十二月戊子病免。吴元炳湖北
	刘坤一
	杨昌浚
	王凯泰十二月庚寅卸。李鹤年兼署福
	邵亨豫
	钱鼎铭
	鲍源深
	丁宝桢十月壬午假。文彬署山东巡抚。
	英翰
锡署。	张树声
	同治十二年癸酉

	曾璧光
	岑毓英
	刘长佑
	张兆栋
	王文韶
巡抚。	吴元炳九月丁未迁。翁同爵
	刘坤一十二月癸酉迁。刘秉
	杨昌浚
建巡抚。	王凯泰
	邵亨豫
	钱鼎铭
	鲍源深
丁宝桢寻回任。	丁宝桢
	英翰九月丁未迁。吴元炳安
	张树声九月庚戌署。吴元炳
	同治十三年甲戌

光绪元年乙亥		
江苏	吴元炳	江苏巡抚。李宗羲兼署。
安徽	裕禄	徽巡抚。庚戌，裕禄代。
山东	丁宝桢	
山西	鲍源深	
河南	钱鼎铭五月	
陕西	邵亨豫二月	
新疆		
福建	王凯泰十一	
台湾		璋署江西巡抚。
浙江	杨昌浚	湖北巡抚。李翰章兼署。
江西	刘秉璋	
湖南	翁同爵	
湖北	王文韶	
广东	张兆栋	
广西	刘长佑十一	
云南	岑毓英	
贵州	曾璧光八月	
奉天		
吉林		
黑龙江		
江淮		

庚寅卒。黎培敬贵州巡抚。

月己亥迁。严树森广西巡抚。

月丁未卒。丁日昌福建巡抚。葆亨护。

癸未免。曾国荃陕西巡抚。未任。戊子，谭钟麟

丁未卒。六月丙寅，刘齐衔署。十一月甲寅，李

	黎培敬
	岑毓英三月庚申忧。文格云
	严树森三月丁未卒。涂宗瀛
	张兆栋
	王文韶
	翁同爵
	刘秉璋二月辛未陛见。李文
	杨昌浚
	丁日昌
代。	谭钟麟
庆翱河南巡抚。	李庆翱
	鲍源深八月丁酉免。曾国荃
	丁宝桢八月丁酉迁。文格山
	裕禄
	吴元炳
	光绪二年丙子

南巡抚。潘鼎新署。八月丁酉，文格迁。鼎新代。
广西巡抚。庆爱护。

敏护江西巡抚。六月戊戌，秉璋回。

山西巡抚。
东巡抚。

黎培敬
潘鼎新 八月癸巳留京。杜瑞联署云南巡抚。
涂宗瀛 十一月甲辰迁。杨重雅广西巡抚。
张兆栋
王文韶 十月壬午陛见。崇福暂护湖南巡抚。
翁同爵 八月癸巳卒。李瀚章兼署湖北巡抚。
刘秉璋
杨昌浚 二月癸巳革。梅启照浙江巡抚。
丁日昌 七月己亥假。葆亨署福建巡抚。
谭钟麟
李庆翱 十一月甲辰免。涂宗瀛河南巡抚。李
曾国荃
文格
裕禄
吴元炳
光绪三年丁丑

	光绪四年戊寅
	吴元炳二月乙巳调。勒方
	裕禄
	文格
	曾国荃
鹤年兼署。	涂宗瀛
	谭宗麟
	葆亨六月己酉卸。吴赞诚
	梅启照
	刘秉璋七月庚午乞养。李
十一月邵亨豫补。	邵亨豫三月己未迁。潘霨
	王文韶二月乙酉迁。卫荣
	张兆栋
	杨重雅
	杜瑞联
	黎培敬十月癸卯入觐。林

肇元护贵州巡抚。	黎
	杜
	杨
	张
光湖南巡抚。忧免。三月己未，邵亨豫代。	邵
湖北巡抚。	潘
文敏江西巡抚。	李
	梅
署。十月戊戌免。裕宽福建巡抚。李明墀署。	李
	谭
	涂
	曾
	文
	裕
锜署江苏巡抚。	勒
	光

塔敬正月己巳降。张树声授。林肇元仍护。闰
瑞联
重雅闰三月丙戌召。张树声广西巡抚。十一
兆栋正月己巳免。裕宽广东巡抚。刘坤一兼
亨豫四月癸酉迁。李明墀湖南巡抚。
爵四月癸酉，邵亨豫湖北巡抚。
文敏
启照八月庚午召。谭钟麟浙江巡抚。
明墀四月癸酉迁。勒方锜福建巡抚。何璟兼
钟麟五月戊子陛见。王思沂护。八月庚午，钟
宗瀛
国荃
格闰三月癸未降。周恒祺山东巡抚。
禄闰三月甲申入觐。傅庆贻暂护安徽巡抚。
方锜五月辛卯，吴元炳回。十二月乙亥调。谭
绪五年己卯

三月丙戌，树声迁。岑毓英贵州巡抚。	岑毓英
	杜瑞联
月甲申迁。庆裕授。	庆裕
署。	裕宽
	李明墀
	邵亨豫
	李文敏
	谭钟麟
署。	勒方锜
麟迁。冯誉骥陕西巡抚。	冯誉骥
	涂宗瀛
	曾国荃
	周恒祺
八月壬寅，裕禄回。	裕禄
钧塔护。	吴元炳
	光绪六

迁。正月癸巳，彭祖贤湖北巡抚。李瀚章兼署。

六月庚申入觐。葆亨护。十一月辛卯革。松椿

六月辛亥回。

年庚辰

	岑毓英四月己亥
	杜瑞联
	庆裕
	裕宽
	李明墀八月壬申
	彭祖贤
	李文敏
	谭钟麟八月壬午
	勒方锜四月己亥
	冯誉骥
	涂宗瀛二月癸卯
护。十二月戊戌，卫荣光署。	卫荣光十一月壬
	周恒祺五月丙子
	裕禄
	吴元炳五月丙子
	光绪七年辛巳

迁。勒方锜贵州巡抚。八月壬申迁。林肇元贵

来京。涂宗瀛湖南巡抚。

迁。陈士杰浙江巡抚。德馨护。

迁。岑毓英福建巡抚。

入觐。李鹤年兼河南巡抚。五月辛未，宗瀛回

寅迁。张之洞山西巡抚。

迁。任道镕山东巡抚。

忧免。黎培敬江苏巡抚。谭钧培暂署。十一月

州巡抚。	林肇元
	杜瑞联
	庆裕正月辛亥迁。
	裕宽
	涂宗瀛三月乙未
	彭祖贤
	李文敏十月乙亥
	陈士杰十二月辛
	岑毓英五月壬辰
	冯誉骥
任。八月壬午迁。李鹤年补。	李鹤年
	张之洞
	任道镕十二月辛
	裕禄
壬寅，卫荣光任。	卫荣光
	光绪八年壬午

倪文蔚广西巡抚。

迁。卞宝第湖南巡抚。

免。潘霨江西巡抚。

西迁。任道镕浙江巡抚。德馨护。癸亥，道镕召。

调。张兆栋福建巡抚。何璟兼署。

西迁。陈士杰山东巡抚。

	林肇元十月乙巳议处。张凯嵩贵
	杜瑞联六月庚午召。唐炯云南巡
	倪文蔚九月丙戌迁。徐廷旭广西
	裕宽九月丙戌病免。倪文蔚广东
	卞宝第五月壬寅迁。潘鼎新署湖
	彭祖贤
	潘霨
刘秉璋代。	刘秉璋
	张兆栋
	冯誉骥十月癸丑革。边宝泉陕西
	李鹤年二月庚辰革。鹿传霖河南
	张之洞
	陈士杰
	裕禄
	卫荣光
	光绪九年癸未

州巡抚。	张凯嵩三月壬辰迁。李用清
抚。	唐炯三月壬辰革逮。张凯嵩
巡抚。	徐延旭三月壬辰革逮。潘鼎
巡抚。	倪文蔚
南巡抚。	潘鼎新三月壬辰迁。庞际云
	彭祖贤
	潘霨九月戊午召。德馨江西
	刘秉璋
	张兆栋九月壬子革。刘铭传
	刘锦棠十月癸酉，甘肃新疆
巡抚。叶伯英护。	边宝泉四月壬子任。叶伯英
巡抚。成孚护。	鹿传霖
	张之洞三月壬辰入觐。奎斌
	陈士杰
	裕禄六月戊子忧免。卢士杰
	卫荣光
	光绪十年甲申十月癸酉，设

署贵州巡抚。	李
署云南巡抚。	张
新广西巡抚。	潘
	倪
湖署南巡抚。	庞
	彭
巡抚。刘瑞芬护。	德
	刘
	刘
福建巡抚。兆栋暂署。	张
巡抚。	刘
卸。	边
	鹿
护山西巡抚。四月壬申，张之洞迁。奎斌署。	奎
	陈
署安徽巡抚。	卢
	卫
甘肃新疆巡抚。	光

用清六月庚辰来京。潘霨署贵州巡抚。

凯嵩

鼎新二月戊寅革。李秉衡护。五月丁卯，张曜

文蔚

际云二月乙未被劾。卞宝第湖南巡抚。

祖贤十月辛亥卒。谭均培湖北巡抚。裕禄兼

馨

秉璋

铭传九月庚子，台湾巡抚。

兆栋六月辛卯，杨昌浚兼福建巡抚。

锦棠

宝泉二月丙申迁。鹿传霖陕西巡抚。

传霖二月丙申迁。边宝泉河南巡抚。孙凤翔

斌二月丙申，刚毅山西巡抚。

士杰

士杰二月乙未，吴元炳安徽巡抚。

荣光

绪十一年乙酉九月庚子，裁福建巡抚。设台

	潘霨
	张凯嵩十一月己亥卒。谭钧培云
广西巡抚。	张曜五月癸巳迁。李秉衡护广西
	倪文蔚四月己丑入觐。张之洞兼
	卞宝第
署。	裕禄四月癸酉卸。谭均培任。五月
	德馨
	刘秉璋五月己亥迁。庚子，卫荣光
	刘铭传
	刘锦棠
	鹿传霖七月庚子病免。叶伯英陕
护。	边宝泉
	刚毅
	陈士杰五月癸巳召。张曜山东巡
	吴元炳五月甲寅卒。陈彝安徽巡
	卫荣光五月庚子迁。崧骏江苏巡
湾巡抚。	光绪十二年丙戌

南巡抚。岑毓英兼署。

巡抚。

署。五月癸巳，谭钧培广东巡抚。十一月己亥

癸巳迁。甲午，奎斌湖北巡抚。

浙江巡抚。许应熔护。

西巡抚。

抚。

抚。张端卿护。八月丁卯，阿克达春代护。

抚。

	潘霨
	谭钧培
	李秉衡七月癸未，沈秉成广西
迁。吴大澄代。	吴大澄
	卞宝第
	奎斌
	德馨二月丙子入觐。李嘉乐护
	卫荣光
	刘铭传
	刘锦棠
	叶伯英
	边宝泉五月丁巳病免。戊午，倪
	刚毅
	张曜
	陈彝
	崧骏
	光绪十三年丁亥

光绪十四年	
崧骏十月乙	
陈彝十月乙	
张曜	
刚毅十月乙	
倪文蔚	文蔚河南巡抚。
叶伯英九月	
刘锦棠	
刘铭传	
卫荣光十月	
德馨	江西巡抚。九月庚申，德馨回任。
奎斌	
卞宝第二月	
吴大澂七月	
沈秉成十月	巡抚。李秉衡仍护。
谭钧培	
潘霨	

潘霨	
谭钧培	
沈秉成六月	乙未迁。高崇基广西巡抚。
张之洞正月	庚申迁。张之洞兼署广东巡抚。
王文韶六月	丁未迁。王文韶湖南巡抚。
奎斌十一月	
德馨	
崧骏	乙未迁。崧骏浙江巡抚。
刘铭传	
刘锦棠正月	
张煦十二月	甲寅卒。张煦陕西巡抚。陶模护。
倪文蔚	
卫荣光十月	未迁。卫荣光山西巡抚。
张曜	
陈彝八月庚	未召。沈秉成安徽巡抚。
崧骏正月戊	未迁。刚毅江苏巡抚。
光绪十五年	戊子

辛卯卸。高崇基广西巡抚。七月甲寅卒。马丕

庚戌免。兼署。刘瑞芬广东巡抚。游智开署。

丁丑迁。邵友濂湖南巡抚。十一月乙酉忧。张

丁卯迁。十二月壬申，谭继洵湖北巡抚。

戊申假。魏光焘护新疆巡抚。

乙酉迁。鹿传霖陕西巡抚。

戊子病免。豫山山西巡抚。

申卸。沈秉成任。

申卸。黄彭年护江苏巡抚。九月乙亥，刚毅任。

乙丑

	潘霨觐。十二月辛酉，黄槐森
	谭钧培
瑶朴。	马丕瑶
	刘瑞芬本任前，李瀚章兼署。
煦授。沈晋祥护。	张煦
	谭继洵
	德馨
	崧骏
	刘铭传
	魏光焘
	张煦正月己酉卸。陶模护陕
	倪文蔚六月庚申卒。裕宽河
	豫山闰二月戊申卒。刘瑞祺
	张曜
	沈秉成十月己酉调。阿克春
	刚毅
	光绪十六年庚寅

光绪十七年	
刚毅	
阿克达春四	护安徽巡抚。
张曜七月甲	
刘瑞祺十月	山西巡抚。丁巳，潘骏文护。
裕宽	南巡抚。廖寿丰护。
鹿传霖	西巡抚。闰二月癸丑，鹿传霖任。
魏光焘二月	
刘铭传三月	
崧骏	
德馨	
谭继洵	
张煦	
刘瑞芬	
马丕瑶	
谭钧培	
潘霨五月戊	护贵州巡抚。

子免。庚寅，崧蕃贵州巡抚。黄槐森护。

辛卯免。四月乙未，邵友濂台湾巡抚。沈应奎

丁巳，陶模甘肃新疆巡抚。刘锦棠代。

丙申卒。丁酉，奎俊山西巡抚。

申卒。丙戌，福润山东巡抚。

月癸卯卸。沈秉成回安徽巡抚任。

辛卯

	光绪十八年壬辰
	刚毅四月己亥迁。奎俊江苏巡抚。
	沈秉成
	福润入觐。正月壬午，汤寿铭护山东巡抚。
	奎俊入觐。正月壬午，胡聘之护。四月己亥，
	裕宽
	鹿传霖
	陶模
护。	邵友濂
	崧骏二月己巳入觐。刘树棠护浙江巡抚。
	德馨
	谭继洵
	张煦闰六月戊辰迁。吴大澄湖南巡抚。
	刘瑞芬四月乙未卒。己亥，刚毅广东巡抚。
	马丕瑶二月甲午忧。张联桂广西巡抚。
	谭钧培
	崧蕃

李瀚章兼署。

八月庚申，崧骏回任。

奎俊迁。阿克达春山西巡抚。闰六月丙寅免。

四月甲午，福润回任。

	崧蕃
	谭钧培
	张联桂正月庚寅人觐。黄槐森护广
	刚毅
	吴大澄
	谭继洵十一月癸巳，赴四川。张之洞
	德馨三月乙酉人觐。方汝翼护。江西
	崧骏十一月戊戌卒。十二月庚辰，廖
	邵友濂
	陶模
	鹿传霖
	裕宽
张煦代。	张煦
	福润
	沈秉成
	奎俊
	光绪十九年癸巳

	崧蕃十二月庚
	谭钧培十二月
西巡抚。六月乙卯，联桂回任。	张联桂
	刚毅六月辛卯
	吴大澄召。七月
兼署湖北巡抚。	谭继洵二月乙
巡抚。九月丙申，德馨回任。	德馨
寿丰浙江巡抚。刘树棠护。	刘树棠四月庚
	邵友濂九月迁。
	陶模
	鹿传霖
	裕宽七月壬戌
	张煦
	福润七月甲子
	沈秉成四月丁
	奎俊
	光绪二十年甲

子迁。德寿贵州巡抚。嵩昆护。
庚子卒。崧蕃云南巡抚。岑毓宝护。
祝椵李瀚章兼署。十月甲申刚毅迁。马丕瑶
庚子卸。王廉护湖南巡抚。九月邵友濂调署。
亥回
午卸。廖寿丰浙江巡抚。
唐景崧署台湾巡抚。
祝椵。刘树棠暂护河南巡抚。十一月庚戌，裕
迁。李秉衡山东巡抚。
卯免。李秉衡安徽巡抚。德寿暂署。七月甲子，
午

	德寿闰五月癸丑
	崧蕃七月己酉迁。
	张联桂闰五月己
广东巡抚。	李瀚章正月甲午
	吴大澂闰五月癸
	谭继洵
	德馨七月辛酉革。
	廖寿丰
	唐景崧
	陶模十月辛未迁。
	鹿传霖三月癸巳
觐免。树棠补。	刘树棠
	张煦正月癸丑入
	李秉衡
秉衡迁。福润授。员凤林护。	福润
	奎俊三月癸巳，赵
	光绪二十一年乙

迁。嵩昆贵州巡抚。
魏光焘云南巡抚。八月丁亥迁。黄槐森代。
巳免。六月辛未，史念祖广西巡抚。
卸。马丕瑶广东巡抚。九月卒。戊申，谭钟麟兼
丑开缺。德寿湖南巡抚。七月壬戌迁。陈宝箴
壬戌，德寿江西巡抚。
饶应祺署新疆巡抚。十一月癸丑任。
迁。奎俊陕西巡抚。张汝梅护。七月壬戌，奎俊
觐。胡聘之署。八月甲申，张煦卒。丁亥，胡聘之
舒翘江苏巡抚。
未

	嵩昆
	崧蕃六
	史念祖
署。十二月戊辰，许振祎授。	谭钟麟
代。	陈宝箴
	谭继洵
	德寿
	廖寿丰
	饶应祺
忧。胡聘之授。八月丁亥迁。魏光焘任。	张汝梅
	刘树棠
任。员凤林护。	胡聘之
	李秉衡
	福润七
	赵舒翘
	光绪二

	嵩昆二月甲
月甲申卸。黄槐森任。	黄槐森十月
	史念祖九月
四月乙酉卸。许振祎任。	许振祎
	陈宝箴
	谭继洵三月
	德寿
	廖寿丰
	饶应祺
六月壬寅卸。魏光焘任。	魏光焘
	刘树棠
	胡聘之
	李秉衡九月
月壬寅病免。邓华熙安徽巡抚。	邓华熙
	赵舒翘七月
十二年丙申	光绪二十三

子革。王毓藻贵州巡抚。邵积诚署。

戊午迁。裕祥云南巡抚。

癸丑革。十月戊午，黄槐森广西巡抚。

壬子入觐。张之洞兼署湖北巡抚。四月乙酉，

戊辰迁。张汝梅山东巡抚。

甲午迁。奎俊江苏巡抚。

年丁酉

	光绪二十四年戊戌七月乙丑，裁
	奎俊五月丙子迁。德寿江苏巡抚。
	邓华熙
	张汝梅
	胡聘之
	刘树棠十月乙酉迁。裕长河南巡
	魏光焘
	饶应祺
	廖寿丰十月乙酉免。刘树棠浙江
	德寿五月丙子迁。松寿江西巡抚。
继洵回任。	谭继洵七月乙丑裁。九月戊辰，曾
	陈宝箴八月癸卯革。俞廉三湖南
	许振祎七月乙丑裁，九月戊辰，鹿
	黄槐森
	裕祥七月乙丑裁。九月戊辰，丁振
	王毓藻

	王毓
铎云南巡抚。	丁振
	黄槐
传霖广东巡抚。	鹿传
巡抚。	俞廉
龢湖北巡抚。十二月丙戌革。于荫霖代。	于荫
翁曾桂护。	松寿
巡抚。	廖寿
	饶应
	魏光
抚。	裕长
	胡聘
	张汝
	邓华
	德寿
湖北、广东、云南三巡抚。九月戊辰复设。	光绪

藻

铎

森

霖六月庚辰迁。德寿广东巡抚。谭钟麟兼署。

三八月甲寅入觐。锡良护湖南巡抚。十二月

霖

丰正月乙亥卸。刘树棠浙江巡抚。

祺

焘八月庚申入觐。李有棻护陕西巡抚。九月

二月辛卯入觐。景星护河南巡抚。四月壬寅，

之正月壬申入觐。何枢护山西巡抚。四月辛

梅二月辛巳免。毓贤山东巡抚。十一月戊申

熙十月丙子迁。王之春安徽巡抚。

六月庚辰迁。鹿传霖江苏巡抚。聂缉椝护。十

二十五年己亥

庚寅，廉三回任。

丁未，端方代护。

裕长回任。

丑，胡聘之回任。八月癸丑免。王之春补。何枢

召。袁世凯署。

二月庚寅，陆元鼎护。

	王毓藻二
	丁振铎
	黄槐森
	德寿
	俞廉三
	于荫霖闰
	松寿九月
	刘树棠十
	饶应祺
	端方卸。闰
	裕长闰八
护。十月丙午，王之春迁。邓华熙补。	邓华熙二
	袁世凯
	邓华熙四
	鹿传霖九
	光绪二十

月丙戌卒。邓华熙贵州巡抚。邵积诚护。

八月丙辰，张之洞兼署，裕长湖北巡抚。九月

戊寅迁。甲午，李兴锐江西巡抚。张绍华护。

月壬寅免。恽祖翼浙江巡抚。余联沅署。

八月壬寅，岑春煊陕西巡抚

月丙辰迁。于荫霖河南巡抚。

月丙戌迁。毓贤山西巡抚。七月召。癸丑，李廷

月丙子卸。王之春安徽巡抚。

月戊寅迁。松寿江苏巡抚。

六年庚子

	邓
	丁
	黄
	德
	俞
甲午免。景星任。十二月辛亥迁。聂缉椝代。	聂
	李
	恽
	饶
	岑
	于
篆护。闰八月壬寅，毓贤免。锡良补。	锡
	袁
	王
	松
	光

华熙
振铎四月己亥迁。李经羲云南巡抚。
槐森二月壬子免。于荫霖广西巡抚。二月己
寿
廉三
缉槼正月戊寅迁。于荫霖湖北巡抚。二月壬
兴锐
祖翼四月辛丑任。道熔浙江巡抚。
应祺
春煊正月戊子迁。端方护。二月辛巳迁。升允
荫霖正月戊寅迁。松寿河南巡抚。十一月甲
良正月戊子开缺。岑春煊山西巡抚。
世凯五月乙丑忧。胡廷干暂护。九月己丑，张
之春十月癸丑开缺。聂缉槼安徽巡抚。
寿正月戊寅迁。聂缉槼江苏巡抚。十月癸丑
绪二十七年辛丑

	邓华
	李经
巳免。李经羲代。四月己亥迁。丁振铎补。	丁振
	德寿
	俞廉
子，锡良代。三月辛巳免。端方任。	端方
	李兴
	任道
	饶应
陕西巡抚。八月随扈。李绍棻护。	升允
戌，随扈。锡良兼署。	松寿
	岑春
人骏山东巡抚。	张人
	聂缉
迁。恩寿代。	恩寿
	光绪

熙十月己丑病免。庚寅，李经羲署贵州巡抚。
羲四月戊戌开缺。己亥，林绍年云南巡抚。魏
锋五月丁亥迁。王之春广西巡抚。
五月丁亥迁。岑春煊署。七月庚申迁。李兴锐
三十二月庚戌迁。赵尔巽湖南巡抚。
锐七月庚申调。柯逢时护江西巡抚。
熔九月壬辰免。聂缉椝浙江巡抚。诚勋暂护。
祺九月壬辰迁。潘效苏新疆巡抚。
正月庚辰回。
随扈。正月乙酉，锡良河南巡抚，迁。张人骏代。
煊五月丁亥迁。丁振铎山西巡抚。赵尔巽护。
骏迁。周馥代。
椝九月壬辰迁。饶应祺安徽巡抚。未任，卒。十
二十八年壬寅

	邓华熙四
光泰兼署。	林绍年
	王之春闰
署广东巡抚。	李兴锐三
	赵尔巽三
	端方
	柯逢时闰
	诚勋四月
	潘效苏
	升允
	张人骏三
十二月庚戌，俞廉三授。吴廷斌护。	吴廷斌正
	周馥
二月庚戌，诚勋代。	聂缉椝假。
	恩寿
	光绪二十

月乙酉卸。曹鸿勋护贵州巡抚。十二月丙寅

五月丙申革。柯逢时广西巡抚。丁体常护。

月丙子迁。张人骏广东巡抚。

月壬申任。

五月丙申迁。夏旹署江西巡抚。

庚寅卸。翁曾桂护浙江巡抚。八月己巳，聂缉

月丙子调。陈夔龙河南巡抚。

月甲戌，俞廉三病免。丙子张曾扬补。

三月癸亥，联魁护。四月丁未，缉椝回。八月丁

九年癸卯

		巳卸。诚勋安徽巡抚。								棨任。							卸。李经羲任。							
光绪三十年甲子十一	恩寿四月己未调。端方	诚勋	周馥九月庚辰迁。胡廷	张曾扬	陈夔龙	升允十一月乙亥调。夏	潘效苏			聂缉棨	夏峕十一月乙亥迁。十	端方四月己未调。张之	赵尔巽四月己酉召。陆	张人骏	柯逢时四月甲子改。李	林绍年十一月癸巳卸。	李经羲四月甲子调。曹				恩寿十二月丁卯，江淮			

巡抚。

鸿勋署贵州巡抚。十一月丁巳，林绍年代署。

丁振铎兼管云南巡抚。

经羲广西巡抚。

元鼎署。张绍华护。十二月辛巳，端方湖南巡

洞兼署湖北巡抚。十二月庚子，改兼管。

二月己酉，胡廷干江西巡抚。

耆陕西巡抚。

干署山东巡抚。尚其亨护。十二月己酉，胡廷

署江苏巡抚。九月己亥迁。效曾护。十二月辛

月，裁湖北、云南巡抚。十二月丙寅，改漕运总

	恩寿六月癸亥裁
	林绍年九月辛巳
	李经羲九月辛巳
	张人骏六月己未
抚。	端方六月己未人
	胡廷干
	聂缉槼九月壬午
	潘效苏八月戊午
	夏旹正月甲午免。
	陈夔龙
	张曾扬六月己未
干迁。杨士骧署山东巡抚。	杨士骧
	诚勋
巳，陆元鼎授。	陆元鼎
督为江淮巡抚。	光绪三十一年乙

卸。

迁。岑春煊贵州巡抚。

病免。林绍年广西巡抚。

调。癸亥裁缺。

觐。庞鸿书湖南巡抚。

免。癸未，张曾扬浙江巡抚。瑞兴兼署。

革。联魁新疆巡抚。吴引孙署。

曹鸿勋陕西巡抚。

调。张人骏署山西巡抚。

巳三月庚寅，裁江淮巡抚。改设江北提督。六

	岑春
	林绍
	庞鸿
	胡廷
	张曾
	吴引
	曹鸿
	陈夔
	张人
	杨士
	诚勋
	陆元
月癸亥，裁广东巡抚，以两广总督兼管。	光绪

煊七月庚戌迁。庞卫书贵州巡抚。兴禄护。
年九月乙卯召。柯逢时广西巡抚。十一月丁
书七月庚戌调。岑春蓂湖南巡抚。
干三月己丑免。吴重熹署。十二月乙未迁。瑞
扬
苏闰四月己卯卸。联魁新疆巡抚。
勋
龙正月壬辰改。张人骏河南巡抚。瑞良护。
骏正月壬辰改。恩寿山西巡抚。
骥
二月迁。恩铭安徽巡抚。
鼎正月壬辰免。陈夔龙江苏巡抚。濮子潼护。
三十二年丙午

	段芝贵三月己亥，署黑龙江
	朱家宝三月己亥，署吉林巡
	唐绍仪三月己亥，奉天巡抚。
	庞鸿书
未迁。张鸣岐署。	张鸣岐
	岑春蓂
良江西巡抚。	瑞良
	张曾扬七月丁巳迁。冯汝骙
	联魁
	曹鸿勋八月丁亥召。恩寿陕
	张人骏七月癸巳迁。林绍年
	恩寿八月丁亥迁。张曾扬山
	杨士骧七月丁巳迁。吴廷斌
	恩铭五月丙辰被戕。冯煦安
	陈夔龙七月丁巳迁。张曾扬
	光绪三十三年丁未，三月己

亥，设奉天、吉林、黑龙江巡抚。	光绪三
江苏巡抚。陈启泰署。	陈启泰
徽巡抚。	冯煦六
山东巡抚。	吴廷斌
西巡抚。十二月戊寅，宝棻山西巡抚。	宝棻
河南巡抚。袁大化护。	林绍年
西巡抚。	恩寿
	联魁
浙江巡抚。信勤署。	冯汝骙
	瑞良二
	岑春蓂
	张鸣岐
	庞鸿书
	唐绍仪
抚。	朱家宝
巡抚。丙辰，被劾。程德全署。	程德全

二月癸酉病免。周树模署黑龙江巡抚。

六月己卯迁。陈昭常吉林巡抚。

差。六月丁丑，徐世昌兼署奉天巡抚。

月辛卯病免。三月丙戌，冯汝骙江西巡抚。

三月丙戌迁。柯逢时浙江巡抚。四月戊午免。

八月丙辰迁。吴重熹河南巡抚。朱寿镛护。

二月己未，袁大化署。三月癸巳，袁树勋山东

月己卯免。朱家宝安徽巡抚。继昌护，八月丙

十四年戊申

	黑龙江 周树模
	吉林 陈昭常
	奉天 锡良三月兼署。五月，
	贵州 庞鸿书
	广西 张鸣岐
增韫任。	湖南 岑春蓂
	新疆 联魁
	陕西 恩寿
	浙江 增韫
	江西 冯汝骙
	河南 吴重熹二月病免。宝
	山西 宝棻十月调。丁宝铨
巡抚。	山东 袁树勋五月迁。孙宝
辰卒。沈曾植护。	安徽 朱家宝
	江苏 陈启泰五月卒。瑞澄
	宣统元年己酉

	周树模
	陈昭常
唐绍仪免。六月，程德全奉天巡抚。	程德全三
	庞鸿书
	张鸣岐九
	岑春蓂三
	联魁七月
	恩寿
	增韫
	冯汝骙
棻河南巡抚。	宝棻
山西巡抚。	丁宝铨
琦山东巡抚。	孙宝琦
	朱家宝
江苏巡抚。十月迁。宝棻江苏巡抚。	宝棻三月
	宣统二年

月辛酉调。

月丁卯迁。沈秉堃广西巡抚。魏景桐护。

月壬子议革。杨文鼎署湖南巡抚。

病免。何彦升甘肃新疆巡抚。十月卒。壬午，袁

辛酉调。程德全江苏巡抚。陆钟琦护。

庚戌，裁奉天巡抚，由统督兼。

	周树模十二月辛亥,宋小濂署黑龙
	陈昭常
	庞鸿书四月病免。沈瑜庆贵州巡抚。
	沈秉堃九月辛巳,以桂林人于民军。
	杨文鼎闰六月,改余诚格湖南巡抚。
大化代。	袁大化
	恩寿闰六月病免。余诚格陕西巡抚。
	增韫九月戊寅,民军据杭州,被执。
	冯汝骙九月甲戌,民军据南昌,汝骙
	宝棻十月病免。齐耀琳河南巡抚。
	丁宝铨五月病免。陈宝琛山西巡抚。
	孙宝琦十月免。胡建枢山东巡抚。十
	朱家宝九月壬午,民军据安庆,家宝
	程德全九月庚辰,以苏州人于民军。
	宣统三年辛亥

江巡抚。

九月戊寅，民军据贵阳，瑜庆去职。

九月民军据长沙，诚格去职。

钱能训护。改杨文鼎，未任。九月，民军据西安，

走九江，死之。

六月留京。陆钟琦任。九月，民军据太原，死之。

二月免。张广建署。

去职。

能训被执。升允署。
吴禄贞署。寻被戕。张锡銮代。

清史稿卷二〇五

表第四五

疆臣年表九　各边将军都统大臣

康熙元年壬寅，设镇	奉天将军	宁古塔将军	黑龙江将军	右卫将军
	吴达礼	巴海顺		

治十六年，以昂邦将军驻防，是年升镇守宁

自镇守盛京昂邦章京为镇守辽东等处将

守辽东等处将军、镇守宁古塔等处将军。

古塔等处将军。	巴海	巴海
军。	吴达礼	吴达礼
	康熙二年癸卯	康熙三年甲

	巴海
	吴达礼　五月辛巳，达都镇守辽东等处
辰	康熙四年乙巳

康熙	
达都	将军。六月己未，改镇守奉天等处将军。
巴海	

	巴海	巴海
	达都	达都九月庚子，吴
五年丙午	康熙六年丁未	康熙七年戊申

	巴海	巴海
玛护为奉天将军。	吴玛护	吴玛护六
	康熙八年己酉	康熙九年

	巴海
月己酉，阿穆尔图为奉天将军。	阿穆尔图
庚戌	康熙十年辛

	巴海	巴海
	阿穆尔图	阿穆尔图卒，予祭葬。十
亥	康熙十一年壬子	康熙十二年癸丑

二月乙丑，倭内以正黄旗副都统为奉天将

	康熙十三年甲寅	康熙十四年乙卯	康熙
军。	倭内	倭内	倭内
	巴海	巴海	巴海

十五年丙辰		
康熙十六年丁巳	倭内	巴海
康熙十七年	倭内七月甲	巴海

	巴海
寅解任。安珠瑚为奉天将军。	安珠瑚
戊午	康熙十八年己

	巴海	巴海	巴海
	安珠瑚	安珠瑚	安珠
未	康熙十九年庚申	康熙二十年辛酉	康熙

	萨布素十月癸亥，为黑龙江
	巴海罢。八月庚子，殷图为宁
朔	伊把汉正月辛巳，为奉天将
二十一年壬戌	康熙二十二年癸亥九月，设

将军。	萨布素	萨布素
古塔将军。	殷图	殷图
军。	伊把汉	伊把汉十
黑龙江将军。	康熙二十三年甲子	康熙二十

一月辛未迁。贝勒察尼十二月庚寅，为奉天

四年乙丑

	将军。																							
康熙二十五年丙寅	察尼	殷图	萨布素																					
康熙二十六年丁	察尼	殷图	萨布素																					

	萨布素
	殷图
	察尼九月卒。绰克托十月庚戌，为奉天将
卯	康熙二十七年戊辰

萨布素

殷图五月壬戌革。乙亥，佟保为宁古塔将军。

绰克托

康熙二十八年己巳

	康熙二十九年庚午	康熙三十年辛未	康
	绰克托	绰克托	绰
军。	佟保	佟保	佟
	萨布素移驻墨尔根。	萨布素	萨

熙三十一年壬申	克托	保	布素	
康熙三十二年癸酉	绥克托	佟保	萨布素	费扬古为安北将军，驻归

				化城。																				
康熙三十三年甲戌	缜克托	佟保	萨布素	费扬古																				
康熙三十四年乙	缜克托	佟保	萨布素	费扬古十月授右																				

卫将军，仍兼管归化城将军事。	费扬古
	萨布素
	佟保六月癸
	绰克托
亥	康熙三十五

年丙子		丑革。沙那海七月己巳，为宁古塔将军。																						
康熙	绰克	沙那	萨布	费扬																				

古	费扬古	费扬古
素	萨布素	萨布素
海	沙那海	沙那海
托	绰克托	绰克托
三十六年丁丑	康熙三十七年戊寅	康熙三

康	十八年己卯
苏	四月戊午革。苏努四月壬午，为奉天将军。
沙	
萨	移驻齐齐哈尔。
费	

扬古	费扬古
布素	萨布素二月己未革。沙那
那海	沙那海二月乙丑迁。杨福
努	苏努
熙三十九年庚辰	康熙四十年辛巳

海为黑龙江将军。 为宁古塔将军。	费扬古	费扬
	沙那海	沙那
	杨福	杨福
	苏努	苏努
	康熙四十一年壬午	康熙

古

海七月丁巳休致。博定八月丁亥,为黑龙江

四十二年癸未

	费扬古	费扬古
将军。	博定	博定
	杨福	杨福
	苏努	苏努
	康熙四十三年甲申	康熙四十四年乙

酉	康熙四十五年丙戌	康熙四十六年丁亥
	苏努	苏努
	杨福	杨福
	博定	博定
	费扬古	费扬古

费扬古

博定 九月庚寅迁。法都 十一月丙申,为黑龙

杨福

苏努 免。蒙俄洛 正月癸酉,为奉天将军。

康熙四十七年戊子

	费扬古
江将军。	法都二月乙巳革。杨福二月己酉，为
	杨福二月己酉迁。蒙俄洛二月己酉，西
	蒙俄洛二月己酉迁。嵩祝二月戊午，西
	康熙四十八年己丑

	费扬古	费扬古
黑龙江将军。	扬福	扬福
为宁古塔将军。	蒙俄洛	蒙俄洛
署奉天将军。	蕭祝	蕭祝
	康熙四十九年庚寅	康熙五

	费扬古
	扬福
	蒙俄洛
	嵩祝十月丁巳迁。唐保柱十月丁
十年辛卯	康熙五十一年壬辰

	费扬古	费扬古
	杨福	杨福
	蒙俄洛	蒙俄洛
巳，署奉天将军。	唐保柱	唐保柱
	康熙五十二年癸巳	康熙五

	费扬古
	杨福卒。五月丙午，三官保署黑
	蒙俄洛卒。穆森三月辛丑，署宁
	唐保柱
十三年甲午	康熙五十四年乙未

	费扬古
龙江将军。	陈泰十月戊子，托留为黑龙江将
古塔将军。	穆森
	唐保柱
	康熙五十五年丙申

	康熙五十六年丁酉	康熙五十七年戊戌
	唐保柱	唐保柱
	穆森	穆森
军。	托留	托留七月，巴赛署黑
	费扬古	费扬古正月乙亥乞

休。颜寿三月，为右卫将军。	颜寿
龙江将军。	巴赛
	穆森
	唐保柱
	康熙五十八年己

	颜寿		颜寿
	陈泰	二月甲子，黑龙江将军。	陈泰
	巴赛	署宁古塔将军。	巴赛
	唐保柱		唐保柱
亥	康熙五十九年庚子		康熙六十年

		驻藏办事大臣
		青海办事大臣
		乌里雅苏台将军
	颜寿	右卫将军
	陈泰	黑龙江将军
	巴赛	宁古塔将军
	唐保柱	奉天将军
辛丑	康熙六十一年壬寅	雍正元年癸卯

颜寿	颜寿六月戊子降。吴札布为右卫将
陈泰	陈泰
巴赛	巴赛二月丁未召。哈达宁古塔将军。
唐保柱	唐保柱十二月癸未解任。绰奇为奉
	雍正二年甲辰

	天将军。			军。																				
雍正三年乙巳	绰奇十一月迁。噶尔弼奉天将军。	哈达	陈泰	吴札布		达鼐办理青海事务。																		
雍	噶	哈	陈	吴		达																		

正四年丙午	雍正五年
尔弼	噶尔弼二
达	哈达
泰二月召。傅尔丹为黑龙江将军。	傅尔丹二
札布二月迁。申穆德为右卫将军。	申穆德
鼐	达鼐
	僧格五月

丁巳，赴藏办事。　玛腊正月丁巳，赴藏办事。

月召。那苏图十二月，为黑龙江将军。

月卒。伊札布闰三月，为奉天将军。

丁未

雍正六年戊申	雍正七年己酉
伊札布九月癸亥免。武格署。	武格二月迁。多
哈达	哈达
那苏图	那苏图
申穆德	申穆德
达鼐	达鼐
僧格 玛腊	僧格 玛腊

	僧格回京。青保驻藏办事。
	达鼐
	申穆德
	那苏图正月迁。卓尔海为
	哈达
索礼为奉天将军。	多索礼正月降。那苏图为
	雍正八年庚戌

玛腊	青保 玛腊六月召回京。苗寿
	达鼐
	申穆德
黑龙江将军。	卓尔海
	哈达正月迁。常德为宁古塔将
奉天将军。	那苏图
	雍正九年辛亥

驻藏办事。	青保　苗寿
	达鼐
	策楞为定边左副将军。
	申穆德
	卓尔海九月迁。塔尔岱为宁古塔
军。	常德九月赴军营。杜赉署。
	那苏图
	雍正十年壬子

	雍正十一年癸丑	雍正十二年甲寅
	那苏图	那苏图
	杜赉	杜赉
将军。	塔尔岱	塔尔岱
	申穆德	申穆德
	策凌	策凌
	众佛保	德龄八月，总理青海
	青保 苗寿	青保 苗寿召回京。

阿尔珣八月，赴藏办事。寻卒。那苏泰赴藏办

番人事务。

事。	那苏泰
	德龄
	策凌
	申穆德免。十二月，岱林布右卫将军。
	塔尔岱迁。那苏尔为黑龙江将军。
	杜赉
	那苏图迁。觉殿柏修为奉天将军。
	雍正十三年乙卯

清史稿卷二〇六

表第四六

疆臣年表十 各边将军都统大臣

乾隆元年丙辰	盛京将军	吉林将军	黑龙江将军	乌里雅苏台将军	伊犁将军	绥远将军	热河都统	察哈尔都统	乌鲁木齐都统	库伦办事大臣	乌里雅苏台参赞	科布多参赞大臣	伊犁参赞大臣	塔尔巴哈台参赞	喀什噶尔参赞大	哈密办事大臣	喀喇沙尔办事大	库车办事大臣	阿克苏办事大臣	乌什办事大臣	叶尔羌办事大臣	和阗办事大臣	西宁办事大臣	驻藏办事大臣

	杭奕禄驻藏办事大臣。
	德宁召。保祝西宁办事大臣。
臣	
臣	
大臣	
大臣	
	塞克图
	岱林布十二月丁亥迁。王常右卫将军。
	策楞
	吴礼布十一月甲午卒。额尔图黑龙江
	博第八月丁亥迁。吉党阿宁古塔将军。
	那苏图八月丁亥迁。博第奉天将军。

	杭奕禄
	保祝十一月召。巴灵阿西宁办事大臣。
	那苏泰
	王常改绥远将军。
	策凌
将军。	额尔图
	吉党阿
	博第
	乾隆二年丁巳，是年裁山西右卫将军，

	杭奕禄七月甲寅召。纪山驻藏
	巴灵阿
	樊廷二月癸卯回原任。李绳武
	那苏泰改热河副都统。
	王常
	策楞
	额尔图五月辛未迁。博第黑龙
	吉党阿
	博第五月辛未迁。额尔图奉天
设绥远将军。	乾隆三年戊午，是年改设热河

副都统。	乾隆四年己未	乾隆五年庚
将军。	额尔图	额尔图
	吉党阿	吉党阿
江将军。	博第	博第
	策凌	策凌
	王常	王常二月召。
	那苏泰	那苏泰九月
哈密办事大臣。	李绳武	
	巴灵阿	巴灵阿正月
办事大臣。	纪山	纪山

召。莽古赉西宁办事大臣。	纪莽
卒。十月，达尔党阿热河副都统。	达
伊勒慎绥远将军。七月召。补熙绥远将军。	补
	策
	博
	吉
	额
申	乾

山九月辛卯召。索拜驻藏办事大臣。	索拜
古赉	莽古
尔党阿	达尔
熙	补熙
凌	策凌
第	博第
党阿八月辛亥召。鄂弥达宁古塔将军。	鄂弥
尔图	额尔
隆六年辛酉	乾隆

	赛拜
费	莽古费
党阿	达尔党阿
	补熙
	策楞
	博第九月丁亥迁。傅森黑龙江将
达	鄂弥达九月丁亥迁。博第宁古塔
图	额尔图
七年壬戌	乾隆八年癸亥

	索拜六月癸丑期满。傅清驻藏办事大
	莽古赉
	达尔党阿七月壬辰迁。玛尔拜热河副
	补熙
	策楞
军。	傅森
将军。	博第三月丙申迁。巴灵阿宁古塔将军。
	额尔图七月壬辰免。达尔党阿奉天将
	乾隆九年甲子

臣	傅清
	莽古费十二月甲子召。众佛保西宁办
都统。	玛尔拜十月丁巳迁。索拜热河副都统。
	补熙
	策楞
	傅森
	巴灵阿
军。	达尔党阿
	乾隆十年乙丑

	傅清
事大臣。	众佛保
	索拜十二月癸酉迁。巴尔品热河副
	补熙
	策楞
	傅森
	巴灵阿八月召。阿兰泰宁古塔将军。
	达尔党阿
	乾隆十一年丙寅

	傅清
	众佛保
都统。七十署。	巴尔品四月革。那兰保热河副
	补熙
	策楞
	傅森
	阿兰泰
	达尔党阿
	乾隆十二年丁卯，是年改奉天

	傅清四月庚申召。拉
	众佛保
都统。六月迁。马尔泰代。	玛尔泰正月卒。满福
	补熙
	策楞
	傅森
	阿兰泰四月癸酉迁。
	达尔党阿四月癸酉
将军为盛京将军。	乾隆十三年戊辰

布敦驻藏办事大臣。	拉
	众
热河副都统。四月丁巳迁。海常代。	海
	朴
	策
	傅
索拜宁古塔将军。闰七月庚午迁。永兴代。	永
迁。阿兰泰盛京将军。	阿
	乾

布敦二月丙申召。纪山驻藏办事大臣。十二 佛保二月召。班第西宁办事大臣。
常
熙九月免。八十五绥远将军。十月丁酉降。富
凌
森三月丁丑迁。傅尔丹黑龙江将军。
兴十月辛卯迁。新柱宁古塔将军。
兰泰
隆十四年己巳

月壬寅，拉布敦仍任。	拉布敦四月壬寅召。班
	班第四月改。纪山西宁
	海常
昌代。	富昌
	策楞二月丙戌卒。罗卜
	傅尔丹
	新柱五月癸卯召。卓鼐
	阿兰泰
	乾隆十五年庚午

第驻藏办事大臣。

办事大臣。十一月甲寅逮。舒明代。

藏暂署。六月丙子，成衮札布定边左副将军。

宁古塔将军。

乾隆十六年辛未
阿兰泰
卓鼐 四月乙酉降。傅森宁古塔将军。
傅尔丹
成衮扎布
富昌
海常
舒明
班第 十二月甲辰召。多尔济驻藏办事大臣。

多尔济	舒明																海常十二月庚子迁。李侍尧热河副都统。	富昌		成衮札布	博尔丹十二月戊戌卒。绰尔多黑龙江将军。	傅森	阿兰泰	乾隆十七年壬申

多尔济	多尔济四月
舒明迁。德尔素西宁办事大臣。	德尔素
李侍尧	李侍尧
富昌	富昌
成衮札布	成衮札布四
绰尔多	绰尔多五月
傅森	傅森
阿兰泰	阿兰泰八月
乾隆十八年癸酉	乾隆十九年

己酉召。萨拉善驻藏办事大臣。

月庚寅革。策楞定边左副将军。七月庚子召。

辛巳迁。清保署黑龙江将军。八月癸丑迁。达尔

癸丑赴军营。清保盛京将军。

甲戌

额林沁多尔济暂署。甲辰，策楞革。班第署。十

党阿代。

一月召。阿睦尔撒纳暂署。丁未，回游牧。色布

腾巴勒珠尔署。十二月戊申，班第迁。阿睦尔

	萨拉善
	德尔素
	李侍尧五月辛卯迁。明
	富昌
撒纳定边左副将军。	哈达哈八月，定边左副
	达尔党阿五月癸巳迁。
	傅森十二月庚戌迁。额
	清保
	乾隆二十年乙亥

	萨拉
	德尔
	阿兰
安热河副都统。十月庚戌，富当阿代。	富当
	富昌
将军。	哈达
绰尔多署黑龙江将军。七月迁。达色代。	达色
尔登宁古塔将军。	额尔
	清保
	乾隆

善

素

泰十二月辛巳，乌里雅苏台参赞大臣。

阿

哈八月乙巳回京。成衮札布定边左副将军。

八月壬寅迁。绰尔多黑龙江将军。

登

二十一年丙子

官保五月，驻藏办事大臣。
德尔素
阿兰泰
富当阿
富昌四月庚午来京。松阿里绥远城将军。丙
成衮札布
绰尔多
额尔登八月丁卯卒。萨拉善吉林将军。
清保
乾隆二十二年丁丑，是年改宁古塔将军为

	官保
	德尔素二月甲申召。积福西宁
	阿兰泰二月乙酉迁。福禄乌里
	富当阿
子迁。保德代。	保德
	成衮扎布
	绰尔多
	萨拉善
	清保
吉林将军。	乾隆二十三年戊寅

	官
办事大臣。	积
	阿
	永
	永
	德
	书
	五
雅苏台参赞大臣。三月庚寅召。扎隆阿代。	福
	安
	富
	保
	成
	绰
	萨
	清
	乾

保

福五月乙亥迁。多尔济西宁办事大臣。

里衮九月甲戌,以参赞大臣留驻叶尔羌。

庆乌什办事大臣。

贵召。二月甲子,舒赫德阿克苏办事大臣。八

舒库车办事大臣。八月壬辰迁。德文署。九月

山喀喇沙尔办事大臣。

吉正月,哈密办事大臣。

禄

泰十一月,乌鲁木齐办事大臣。

当阿

德

衮札布

尔多

拉善

保

隆二十四年己卯,设喀什噶尔参赞大臣,乌

月壬午迁。纳世通代。九月迁。阿桂代。

庚辰，纳世通代。

鲁木齐、哈密、喀喇沙尔、库车、阿克苏、乌什、叶

	官保
	多尔济
	阿里衮三月戊辰，新柱
	永庆
	阿桂赴伊犁，舒赫德阿
	纳世通七月戊午迁。书
	书山七月戊午迁。纳世
	五吉正月戊辰迁。永宁
	海明六月丁酉，喀什噶
	福禄
	安泰
	富当阿
	恒禄十月戊寅迁。如松
	成衮札布
	绰尔多
	萨拉善十月戊寅革。恒
	清保
尔羌等处办事大臣。	乾隆二十五年庚辰

	官保正月迁。辅鼐驻
	多尔济
叶尔羌办事大臣。	新柱
	永庆
克苏办事大臣。	舒赫德迁。正月甲寅，
山库车办事大臣。	书山召。四月己卯，鄂
通喀喇沙尔办事大臣。	纳世通召。四月己卯，
哈密办事大臣。	永宁迁。七月甲子，三
尔办事大臣。	海明正月甲寅迁。舒
	扎拉丰阿科布多参
	福禄召。九月己未，扎
	安泰四月己卯召。雅
	嵩椿十一月辛丑，察
	额尔登额
绥远城将军。	如松十一月辛卯迁。
	成衮扎布
	绰尔多
禄吉林将军。	恒禄
	清保
	乾隆二十六年辛巳，

藏办事大臣。

海明阿克苏办事大臣。

宝库车办事大臣。

达桑阿喀喇沙尔办事大臣。

宝哈密办事大臣。

赫德喀什噶尔参赞大臣。永贵代。

赞大臣。

拉丰阿乌里雅苏台参赞大臣。寻迁。莽古赉

额理乌鲁木齐办事大臣。

哈尔都统。

舒明绥远城将军。

是年设察哈尔都统。十月己巳，设科布多参

	辅鼐
	多尔济正月甲寅迁。容保西宁办事
	新柱
	永庆四月丁亥迁。素诚乌什办事大
	海明
	鄂宝
	达桑阿
	三宝
	永贵十二月壬子召。纳世通喀什噶
	爱隆阿十一月辛酉，伊犁参赞大臣。
	扎拉丰阿
代。	莽古赉
	诺木浑库伦办事大臣。
	旌额理
	嵩椿闰五月辛酉迁。巴尔品察哈尔
	额尔登额
	舒明正月丁巳卒。蕴著绥远城将军。
	明瑞十月伊犁将军。
	成衮扎布
	绰尔多八月丙辰卒。国多欢黑龙江
	恒禄
	清保闰五月迁。癸亥，舍图肯盛京将
赞大臣。	乾隆二十七年壬午，设库伦办事大

	辅鼐
大臣。	七十五十月丙申，西宁办事大
	新柱召。五月丙戌，额尔景额叶
臣。	素诚
	海明二月甲辰召。卡塔海阿克
	鄂宝
	达桑阿
	三宝九月己卯，亢宝哈密办事
尔参赞大臣。	纳世通正月甲申，以参赞大臣
	爱隆阿
	扎拉丰阿十一月乙卯迁。雅郎
	莽古赉
	诺木浑正月戊寅革。福德库伦
	旌额理十二月丁未召。绰克托
都统。	巴尔品
	额尔登额
	蕴著
	明瑞
	成衮扎布十一月乙卯入觐。扎
将军。	国多欢十二月甲午召。富僧阿
	恒禄
军。	舍图肯
臣、伊犁将军。	乾隆二十八年癸未

臣。

尔羌参赞大臣。

苏办事大臣。

大臣。

总理回疆事务。

阿暂充。

办事大臣。十一月癸酉革。丑达代。

乌鲁木齐办事大臣。

拉丰阿署乌里雅苏台将军。成衮札布寻回

黑龙江将军。

辅鼐正月丁亥召。阿敏尔图驻藏办事大
七十五

额尔景额
素诚
卡塔海
鄂宝
达桑阿五月丁卯回京。明保喀喇沙尔办
亢宝
纳世通
伍岱七月戊辰，塔尔巴哈台参赞大臣。八
爱隆阿
扎拉丰阿六月甲申召。玉柱科布多参赞
莽古赉十二月召。常复乌里雅苏台参赞
丑达
绰克托七月迁。伍弥泰乌鲁木齐办事大
巴尔品
额尔登额正月迁。玛常热河副都统。
蕴著
明瑞
任。
成衮札布
富僧阿
恒禄
舍肯图
乾隆二十九年甲申

臣。	阿敏尔图
	七十五
	丑达和阗办事大臣。七月甲
	额尔景额迁。闰二月辛亥，丑
	素诚闰二月被戕。八月丁卯，
	卡塔海三月革。伊勒图阿克
	鄂宝
事大臣。	明保
	萨瀚八月乙丑，哈密办事大
	纳世通闰六月辛亥回京。额
月卸。绰克托代。	绰克托五月，伊勒图代。十一
	爱隆阿
大臣。	玉柱
大臣。	常复
	丑达迁。闰二月辛亥，素琳库
臣。	伍弥泰
	巴尔品
	玛常
	蕴著十二月戊申迁。万福绥
	明瑞
	成衮扎布
	富僧阿
	桓禄
	舍肯图
	乾隆三十年乙酉

戊逮。富勒赫代。八月戊申，巴延弼和阗办事
达叶尔羌办事大臣。丑达迁，额尔景额仍任。
永贵乌什办事大臣。
苏办事大臣。五月迁。讷苏肯代。

臣。
尔景额喀什噶尔参赞大臣。三月壬寅，永贵
月，阿桂塔尔巴哈台参赞大臣。

伦办事大臣。七月癸未免。福鼐代。

远城将军。

	阿敏尔图四月辛亥回京。官保驻
	七十五召。六月甲辰，海明西宁办
大臣。	巴延弼
	额尔景额迁。五月癸巳，旌额理叶
	永贵
	鄂宝三月癸未，弘晌库车办事大
	范时绶
	萨瀚
代。八月迁。	绰克托二月丁巳，喀什噶尔办事
	阿桂迁。五月甲午，乌勒登塔尔巴
	爱隆阿三月庚寅卒。乌勒登伊犁
	玉柱二月丁卯召。达桑阿科布多
	常复
	福禄
	伍弥泰二月丁卯召。温福乌鲁木
	巴尔品九月辛巳免。安泰察哈尔
	呼什图
	嵩椿十二月丙辰免。巴禄绥远城
	明瑞
	成衮扎布
	富僧阿
	恒禄
	舍图肯
	乾隆三十一年丙戌

藏办事大臣。	官保召。莽古
事大臣。十二月癸丑，被劾查办。	傅景九月，青
	巴延弼
尔羌办事大臣。	旌额理
	永贵
臣。	弘晌
	范时绶迁。五
	萨瀚六月庚
大臣。	绰克托八月
哈台参赞大臣。	乌勒登九月
参赞大臣。五月甲午迁。阿桂代。	伊勒图五月
参赞大臣。	玉柱九月己
	常复
	福鼐九月壬
齐办事大臣。	温福
都统。	安泰
	呼什图七月
将军。	巴禄
	明瑞三月乙
	成衮扎布
	富僧阿
	恒禄
	舍图肯七月
	乾隆三十二

赉驻藏办事大臣。	莽古赉
海办事大臣。	傅景
	巴彦弼
	旌额理
	永贵五
	弘晌
月庚子，常钧喀喇沙尔办事大臣。	常钧
子革。文绶哈密办事大臣。	文绶迁。
丙子，伊勒图喀什噶尔办事大臣。	安泰三
壬辰，巴尔品塔尔巴哈台参赞大臣。	巴尔品
己巳，伊犁参赞大臣。八月迁。	
酉回京。扎隆阿科布多参赞大臣。	扎隆阿
	常复
辰，庆桂库伦办事大臣。	庆桂
	温福
	安泰三
己未，玛常热河副都统。统。	玛常二
	巴禄三
丑迁。阿桂伊犁将军。	阿桂二
	成衮扎
	富僧阿
	恒禄
辛丑免。新柱盛京将军。	新柱正
年丁亥	乾隆三

十一月庚寅回京。敬善和阗办事大臣。

月庚申回京。舒赫德乌什参赞大臣。

托穆齐图哈密办事大臣。

月乙巳，喀什噶尔办事大臣。

二月丙戌迁。积福科布多参赞大臣。

月乙巳迁。巴禄察哈尔都统。

月丙戌迁。呼什图热河副都统。

月乙巳迁。傅良绥远城将军。

月丙戌召。伊勒图署伊犁将军。十月丙子忧。

布

九月己酉迁。傅玉黑龙江将军。

月丙午卒。明福盛京将军十二月乙丑召。额

十三年戊子

	乾隆三十四年己丑
尔德蒙额署。	额尔德蒙额正月乙未，恒禄盛
	恒禄正月乙未迁。傅良吉林将
	傅玉
	成衮札布
永贵署。	永贵十月乙卯免。增海署。十二
	傅良正月乙未迁。常在绥远城
	呼什图五月癸亥免。三全热河
	巴禄
	温福四月己未迁。富森布乌鲁
	庆桂
	达桑阿召。七月丙申，华山乌里
	积福
	巴尔品七月癸巳革留。九月丙
	安泰迁。九月丙申，福森布喀什
	托穆齐图迁。七月戊子，景善哈
	常钧
	弘晌
	舒赫德八月辛未，旌额理乌什
	旌额理八月辛未迁。期成额叶
	敬善
	傅景
	莽古赉

	莽古赉
	傅景十
	敬善
尔羌参赞大臣。	期成额
参赞大臣。	旌额理
	弘晌正
	常钧
密办事大臣。	景善
噶尔办事大臣。	福森布
申免。安泰代。	安泰
	积福召。
雅苏台参赞。三月己丑，伊尔图代。	伊尔图
	庆桂
木齐办事大臣。九月丙申，巴彦弼代。	巴彦弼
	巴禄十
副都统。	三全
将军。二月癸未革。诺伦代。	诺伦
月辛亥迁。伊勒图伊犁将军。	伊勒图
	成衮札
	傅玉七
军。	傅良四
京将军。	恒禄
	乾隆三

莽古	
伍弥	月乙未召。伍弥泰西宁办事大臣。
敬善	
期成	
舒赫	五月辛丑，舒赫德仍任乌什参赞大臣。
达色	月迁。
实麟	
佛德	
福森	
安泰	
书景	书景阿科布多参赞大臣。
伊尔	
庆桂	
巴彦	
常清	二月丁酉卒。常清察哈尔都统。
三全	
诺伦	
伊勒	
成衮	布
增海	月丙午召。增海黑龙江将军。
富椿	月乙未召。富椿吉林将军。
恒禄	
乾隆	十五年庚寅

赉

泰

额

德二月癸酉召。旌额里乌什参赞大臣。七月

正月庚申，库车办事大臣。

布

十月己巳，伊勒图塔尔巴哈台参赞大臣。

阿九月丁未回京。福德科布多参赞大臣。

图免。九月戊申，伍讷玺代。十一月壬子，多敏

弼十一月，改设乌鲁木齐参赞大臣。

图七月丁未迁。十月己巳，舒赫德伊犁将军。

札布八月己丑卒。车布登札布定边左副将军。

三十六年辛卯

	莽古
	伍弥
	敬善
	期成
丁未卒。伊勒图代。十月己巳迁。安泰代。	安泰
	达色
	实麟
	佛德
	福森
	伊勒
	福德
乌里雅苏台参赞大臣。	多敏
	柏堃
	巴彦
	常清
	三全
	诺伦
	舒赫
军。	车布
	增海
	富椿
	恒禄
	乾隆

费	莽
泰	伍
	敬
额	期
	安
	达
	实
	佛
布	福
图	伊
	庆
	福
	多
	柏
弼三月，索诺木策凌乌鲁木齐参赞大臣。	索
	常
	三
五月丁卯卒。容保绥远城将军。	容
德	舒
登札布	车
六月辛亥迁。傅玉黑龙江将军。	傅
	富
六月辛亥卒。增海盛京将军。	增
三十七年壬辰	乾

古	赉十一月壬申回京。伍弥泰驻藏办事大
弥	泰十一月壬申迁。福禄西宁办事大臣。
善	十二月戊戌回京。常福和阗办事大臣。
成	额九月壬申召。玛兴阿叶尔羌办事大臣。
泰	四月丙戌召。绰克托乌什参赞大臣。
色	六月甲午迁。实麟库车办事大臣。
麟	六月甲午迁。达色喀喇沙尔办事大臣。
德	十一月壬申召。明起哈密办事大臣。
森	布
勒	图七月戊午召。庆桂塔尔巴哈台参赞大
桂	四月辛亥，伊犁参赞大臣。七月迁。
德	迁。九月甲戌，多敏科布多参赞大臣。
敏	九月甲戌迁。车布楚克札乌里雅苏台参
塑	
讷	木策凌改乌鲁木齐都统。
清	
全	
保	
赫	德七月戊午召。伊勒图伊犁将军。
布	登札布十月己酉免。瑚图灵阿定边左副
玉	
椿	
海	五月辛亥卒。弘晌盛京将军。
隆	三十八年癸巳五月癸丑，裁乌鲁木齐参

臣。	伍弥泰
	福禄
	常福
	玛兴阿
	绰克托
	实麟十二月迁。常
	达色
	明起
	福森布十二月癸
臣。	庆桂
	多敏
赞大臣。托云代。	托云
	伯塑
	索诺木策凌
	常清
	三全
	容保
	伊勒图
将军。	瑚图灵阿
	傅玉
	富椿
	弘晌
赞大臣，设乌鲁木齐都统。	乾隆三十九年甲

伍弥泰十	
福禄十一	
常富	
玛兴阿	
绰克托	
常喜	喜代。
达色	
明起	
申保迁。十	卯回京。申保喀什噶尔办事大臣。
庆桂	
多敏	
托云四月	
柏堃正月	
索诺木策	
常清	
三全三月	
容保	
伊勒图	
瑚图灵阿	
傅玉	
富椿	
弘晌	
乾隆四十	午

留保	月己卯回京。留保住驻藏办事大臣。
惠龄	月乙酉革。惠龄西宁办事大臣。
常福	
玛兴	
绰克	
常喜	
达色	
明起	
雅德	月，雅德喀什噶尔办事大臣。
庆桂	
瑚图	
多敏	
明善	己丑回京。明善乌里雅苏台参赞大臣。
索琳	甲寅回京。索琳库伦办事大臣。
索诺	凌
常清	
多霁	丁巳迁。多霁热河副都统。
容保	
伊勒	
瑚图	
傅玉	
富椿	
弘晌	
乾隆	年乙未

住

罢。十二月辛酉，德风和阗办事大臣。

阿十月甲辰召。高朴叶尔羌办事大臣。

托

十月乙丑召。观音保喀喇沙尔办事大臣

十月甲辰召。佛德哈密办事大臣。

灵阿召。八月戊申，拉旺多尔济伊犁参赞大

正月甲申，回京。明善科布多参赞大臣。

迁。正月甲申，法福礼乌里雅苏台参赞大臣。

木策凌

十月壬申召。伍弥泰绥远城将军。十二月戊

图

灵阿八月戊申，巴图定边左副将军。

四十一年丙申

	留保住
	惠龄三月戊子回京。法福礼
	德风
	高朴
	绰克托
	常喜
	观音保
	佛德
	雅德二月辛丑召。鄂兰喀什
	庆桂
臣。	
	明善
	法福礼三月戊子迁。恒山保
	索琳
	索诺木策凌
	常清
	多鼐
申迁。雅朗阿代。	雅朗阿
	伊勒图
	巴圖
	傅玉
	富椿六月癸丑迁。福康安吉
	弘晌
	乾隆四十二年丁酉

	留保住
西宁办事大臣。	法福礼
	德风
	高朴革逮。九月壬寅，
	绰克托二月乙巳，迁。
	景福十一月庚寅，阿
	常喜
	观音保九月庚戌召。
	佛德
噶尔办事大臣。	鄂兰
	庆桂
	明善六月壬辰革留。
乌里雅苏台参赞大臣。	恒山保
	索琳七月召。博清额
	索诺木策凌
	常清
	多爾
	雅朗阿
	伊勒图
	巴图
	傅玉
林将军。	福康安十一月己酉
	弘晌十一月己酉免。
	乾隆四十三年戊戌

	衮
	法
	德
复兴叶尔羌办事大臣。甲辰，玛兴阿暂管。	复
永贵乌什参赞大臣。	永
克苏办事大臣。	畏
	常
海成喀喇沙尔办事大臣。	惠
	佛
	鄂
	庆
	明
	恒
库伦办事大臣。	博
	衮
	常
	恒
	雅
	伊
	巴
	傅
迁。和隆武吉林将军。	和
福康安盛京将军。	福
	乾

琳正月辛丑，驻藏办事大臣。
福札
风
兴
贵正月丁未来京。申保乌什参赞大臣。
福
喜
龄暂代。
德
兰免。玛兴阿正月甲午，喀什噶尔办事大臣。
桂
善
山保
清额
诺木策凌
清
秀
朗阿四月袭爵。弘晌绥远城将军。
勒图
圉
玉八月庚辰召。永玮黑龙江将军。
隆武
康安
隆四十四年己亥

乾隆四十五年庚子
福康安三月丁酉迁。索诺木策凌盛京将军。
和隆武
永玮
巴图十一月壬午革。庆桂定边左副将军。
伊勒图
弘晌
恒秀
常清
索诺木策凌三月丁酉迁。奎林乌鲁木齐都
博清额五月，勒保库伦办事大臣。
恒山保
明善
申保十一月丙申，伊犁参赞大臣。
庆桂迁。惠龄十一月王午，塔尔巴哈台参赞
玛兴阿十一月癸未回京，景福喀什噶尔办
佛德
海成
常喜二月丁丑回京。景福库车办事大臣。十
景福迁。二月丁丑，乌什哈达阿克苏办事大
申保十一月丙申迁。绰克托乌什参赞大臣。
复兴
德风
诺穆欢六月，西宁办事大臣。
索琳二月庚戌卒。保泰驻藏办事大臣。博清

额代。	博清额
	诺穆欢 五月丁酉，革。留
	德风 革。八月丁酉，德文
	复兴
	绰克托
臣。六月，法灵阿代。	法灵阿
一月癸未迁。福禄代。	福禄
	海成
	佛德 十月丁亥，哈精阿
事大臣。	景福 九月丙辰召。阿扬
大臣。	惠龄
	申保
	明善
	恒山保
	勒保
统。	奎林 七月丙午迁。明亮
	常清
	恒秀
	弘晌 三月甲午卒。嵩椿
	伊勒图
	庆桂 七月丙午免。奎林
	永玮
	和隆武
	索诺木策凌
	乾隆四十六年辛丑

	博清额
保住西宁办事大臣。	留保住
代。	德文
	复兴二月甲申回京。
	绰克托
	法灵阿
	海成库车办事大臣。
	海成。改福禄喀喇沙
哈密办事大臣。	哈精阿
阿喀什噶尔办事大臣。	阿扬阿四月壬申回
	伍岱
	明善十二月，海宁科
	恒山保
	勒保
乌鲁木齐都统。	明亮
	常清十二月甲申迁。
	恒秀八月癸酉迁。恒
绥远城将军。	嵩椿
	伊勒图
乌里雅苏台将军。	奎林
	永玮八月癸酉迁。恒
	和隆武八月癸酉卒。
	索诺木策凌五月丁
	乾隆四十七年壬寅

阿扬阿叶尔羌办事大臣。

尔办事大臣。

京。达尔吉善喀什噶尔办事大臣。十二月甲

布多参赞大臣。

乌尔图纳逊察哈尔都统。

瑞热河副都统。

秀黑龙江将军。

永玮护。九月乙巳，庆桂吉林将军。

西革。庆桂盛京将军。九月乙巳迁。永玮代。

	博清额
	留保住
	德文
	阿扬阿
	绰克托
	法灵阿十一月戊申召。国栋阿
	海成十月丁亥回京。雅满泰库
	福禄
	哈精阿十二月己未回京。穆和
申召。保成代。	保成
	伍岱十一月己酉回京。纳尔瑚
	海宁
	恒山保十一月己酉回京。阿克
	勒保
	明亮六月辛酉迁。海禄署乌鲁
	乌尔图纳逊
	恒瑞
	嵩椿
	伊勒图六月辛酉陛见。明亮署。
	奎林
	恒秀
	庆桂
	永玮
	乾隆四十八年癸卯

	博清额十一月
	留保住迁。十一
	德文
	阿扬阿
	绰克托免。四月
克苏办事大臣。	国栋
车办事大臣。	雅满泰十一月
	福禄十一月辛
爾哈密办事大臣。	
	保成
善塔尔巴哈台参赞大臣。	保泰
	海宁
栋阿乌里雅苏台参赞大臣。	阿克栋阿
	勒保
木齐都统。	海禄四月丁未
	乌尔图纳逊六
	恒瑞
	萬椿六月癸卯
八月甲戌革。伊勒图仍任。	伊勒图
	奎林
	恒秀
	庆桂三月辛酉
	永玮
	乾隆四十九年

辛巳回京。留保住驻藏办事大臣。

月辛巳，福禄西宁办事大臣。

丁未，海禄乌什参赞大臣。

辛巳，尚安库车办事大臣。十二月辛卯迁。阳

巳迁。雅满泰喀喇沙尔办事大臣。

迁。七月甲子，长清乌鲁木齐都统。

月癸卯迁。积福察哈尔都统。九月乙丑迁。乌

迁。乌尔图纳逊绥远城将军。九月丁丑迁。积

迁。都尔嘉吉林将军。

甲辰

						福代		尔图纳逊仍任。										春保代。						
乾隆五十年乙巳	永玮	都尔嘉	恒秀	奎林三月戊辰迁。复兴乌	伊勒图七月乙亥卒。奎林	积福	恒瑞	乌尔图纳逊	长清三月戊辰迁。奎林乌	勒保召。松筠十月丁丑库	阿克栋阿	海宁	永铎三月伊犁参赞大臣。	惠龄十二月丙戌回京。庆	保成	福广二月甲辰，哈密办事	雅满泰	阳春保	国栋	海禄降。九月，明亮乌什参	阿扬阿三月召。塔琦叶尔	德文召。十月庚子，博兴和	福禄	留保住

	留
	福
阗办事大臣。	博
羌办事大臣。	塔
赞大臣。	明
	国
	阳
	雅
大臣。	巴
	保
桂塔尔巴哈台参赞大臣。	庆
明亮八月伊犁参赞大臣。	海
	海
	阿
伦办事大臣。	松
鲁木齐都统。七月乙巳永铎代。	永
	乌
	恒
	积
伊犁将军。	奎
里雅苏台将军。正月己巳，拉旺多尔济署。	复
	恒
	都
	永
	乾

保住八月己未召。庆麟驻藏办事大臣。

禄正月丙寅回京。普福西宁办事大臣。

兴

琦

亮移驻。特成额十二月戊申，乌什办事大臣。

栋

春保

满泰八月己未，尚安喀喇沙尔办事大臣。

延三八月丁卯，伊桑阿哈密办事大臣。臣。

成召。明亮十二月移驻喀什噶尔，为喀什噶

桂九月戊子回京。永保塔尔巴哈台参赞大

禄三月戊辰，伊犁参赞大臣。

宁召。九月戊子，保泰科布多参赞大臣。

克栋阿

笃

铎

尔图纳逊

瑞

福八月迁。嵩椿绥远城将军。

林

兴

秀

尔嘉

玮

隆五十一年丙午十二月，改喀什噶尔办事

	庆麟十二月革。舒濂驻藏
	普福
	博兴迁。二月戊午，格绷额
	塔琦
	特成额
	国栋卒。三月己卯，福崧阿
	阳春保
	尚安迁。十二月庚申，德勒
	伊桑阿
尔参赞大臣。	明亮
臣。	永保
	保泰
	阿克栋阿
	松筠
	永铎十二月庚申迁。尚安
	乌尔图纳逊
	恒瑞十二月己卯召。恒善
	嵩椿
	奎林十一月乙酉革。保宁
	复兴
	恒秀
	都尔嘉
	永琫卒。十二月庚申，永铎
大臣为参赞大臣。	乾隆五十二年丁未

办事大臣。	舒廉
	普福
和阗办事大臣。	格绷
	塔琦
	特成
克苏办事大臣。	福崧
	阳春
格楞贵喀喇沙尔办事大臣。穆和蔺署。	德勒
	伊桑
	明亮
	永保
	恒瑞
	保泰
	乌弥
	松筠
乌鲁木齐都统。	尚安
	乌尔
保热河副都统。	恒善
	嵩椿
伊犁将军。永锋署。	保宁
	复兴
	恒秀
	都尔
盛京将军。	永锋
	乾隆

迁。十二月辛丑，奎舒西宁办事大臣。
额召。李侍政十一月和阗办事大臣。

额革。明兴七月，乌什办事大臣。

保召。十一月戊寅，奎舒库车办事大臣。十二
格楞贵

阿

十月癸卯，伊犁参赞大臣。

伍迩五月，乌里雅苏台参赞大臣。

图纳迩

保

十月癸卯迁。兴肇绥远城将军。

十月癸卯迁。琳宁黑龙江将军。
嘉十月癸卯迁。恒秀吉林将军。
八月免。十月癸卯，都尔嘉盛京将军。
五十三年戊申

	舒濂
	奎舒
	李侍政
	塔琦畀。二月甲辰，福崧代。六月
	明兴六月，毓奇乌什办事大臣。
	福崧迁。二月，雅满泰阿克苏办
月迁。秀林代。	秀林
	德勒格楞贵召。十二月，乌尔图
	伊桑阿
	明亮
	永保
	恒瑞四月迁。
	保泰十月迁。乌弥伍逊科布多
	乌弥伍逊迁。十月乙卯，佛住乌
	松筠
	尚安
	乌尔图纳逊十月壬戌降。保泰
	富昌
	兴肇
	保宁
	复兴四月卒。恒瑞乌里雅苏台
	琳宁四月壬子迁。都尔嘉黑龙
	恒秀四月壬子迁。琳宁吉林将
	都尔嘉四月壬子迁。嵩椿盛京
	乾隆五十四年己酉

	舒廉五月戊戌
	奎舒
	李侍政
丙子，明兴叶尔羌办事大臣。	明兴
臣。	毓奇十一月迁。
事大臣。	雅满泰五月戊
	秀林
那逊喀喇沙尔办事大臣。	乌尔图纳逊迁。
	伊桑阿七月己
	明亮
	永保
参赞大臣。	乌弥伍逊
里雅苏台参赞大臣。	佛住
	松筠
	尚安
察哈尔都统。	保泰八月丁亥
	富昌
	兴肇
	保宁四月入觐。
将军。	恒瑞
江将军。	都尔嘉
军。	琳宁
将军。	嵩椿
	乾隆五十五年

保泰	迁。普福驻藏办事大臣。八月，保泰代。
奎舒	
李侍	
明兴	
富尼	富尼善乌什办事大臣。
佛住	戌迁。舒濂阿克苏办事大臣。
秀林	
德勤	八月，德勤克札布喀喇沙尔办事大臣。
书麟	巳回京。书麟哈密办事大臣。
明亮	
永保	
乌弥	
佛住	
松筠	
尚安	
乌尔	迁。乌尔图纳逊察哈尔都统。
富昌	
兴肇	
永保	永保署伊犁将军。
恒瑞	
都尔	
琳宁	
嵩椿	
乾隆	庚戌

九月革。奎林驻藏办事大臣。十一月，鄂辉代。

政

迁。十二月丁卯，琅玕叶尔羌办事大臣。

善

克札布

十二月丁卯迁。时兴喀什噶尔参赞大臣。

伍逊

十月迁。十一月，普福库伦办事大臣。

图纳逊

三月御。保宁回伊犁将军。

嘉十二月丁卯回京。明亮黑龙江将军。

九月庚辰迁。恒秀吉林将军。

九月庚辰，琳宁盛京将军。

五十六年辛亥

鄂辉
奎舒
李侍政四月议。十二月，托伦和阗办事大臣。
琅玕
富尼善
佛住
秀林
德勒克扎布
明兴
永保
乌弥伍逊
佛住
普福八月革逮。博兴库伦办事大臣。
尚安
乌尔图纳逊
保成
兴肇十月癸巳召。图桑阿绥远城将军。
保宁
恒瑞
明亮
恒秀
琳宁
乾隆五十七年壬子

鄂辉改。五月，和琳驻藏办事大臣。

特克慎

托伦

琅玕

富尼善

佛住

秀林迁。伊桑阿正月，库车办事大臣。

德勒克札布

雅德四月庚戌，哈密办事大臣。

明兴五月己酉召。永保喀什噶尔参赞大臣。

永保迁。五月己酉，乌弥伍逊塔尔巴哈台参

乌弥伍逊五月己酉迁。棍楚克札布科布多

特成额五月，乌里雅苏台参赞大臣。

博兴

尚安

乌尔图纳逊

保成

图桑阿

保宁

恒瑞

明亮

恒秀

琳宁

乾隆五十八年癸丑

	和琳七月迁。松筠驻藏办事大臣。
	特克慎
	托伦
	琅玕
	富尼善
	佛住
	伊桑阿
	德勒克札布
	雅德
	永保
赞大臣。	乌弥伍逊
参赞大臣。	根楚克札布
	特成额
	博兴
	尚安六月，更名宜绵。
	乌尔图纳逊
	保成十二月丙子迁。那奇泰热河
	图桑阿十二月丙子迁。永琨绥远
	保宁十二月庚子迁。明亮伊犁将
	恒瑞
	明亮十二月丙子迁。舒亮黑龙江
	恒秀正月乙卯革。宝琳吉林将军。
	琳宁
	乾隆五十九年甲寅

	松筠
	特克慎迁。九月乙丑，策
	托伦闰二月庚寅回京。
	琅玕五月迁。雅德叶尔
	富尼善正月迁。雅尔泰
	佛住正月迁。阳春保阿
	伊桑阿
	德勒克札布正月迁。普
	雅德五月迁。穆和蔺哈
	永保五月迁。琅玕喀什
	乌弥伍逊
	棍楚克札布
	特成额召。五月，额勒春
	博兴迁。九月乙丑，特克
	宜绵五月丁巳迁。九月，
	乌尔图纳逊九月乙丑
副都统。	那奇泰
城将军。	永琨八月壬午迁。恒瑞
军。	明亮九月丙寅革。保宁
	恒瑞八月壬午迁。永琨
将军。	舒亮九月乙丑革。永琨
九月丁酉卒。秀林代。	秀林
	琳宁
	乾隆六十年乙卯

巴克西宁办事大臣。

徐绩和阗办事大臣。

羌办事大臣。九月乙丑，明兴代。

乌什办事大臣。

克苏办事大臣。

福喀喇沙尔办事大臣。

密办事大臣。

噶尔参赞大臣。

乌里雅苏台参赞大臣。

慎库伦办事大臣。

永保乌鲁木齐都统。

迁。博兴察哈尔都统。

绥远城将军。九月乙丑迁。乌尔图纳逊代。

伊犁将军。

乌里雅苏台将军。九月乙丑迁。图桑阿代。

黑龙江将军。

清史稿卷二〇七

表第四七

疆臣年表十一 各边将军都统大臣

嘉庆元年丙辰	盛京将军	吉林将军	黑龙江将军	乌里雅苏台将军	伊犁将军	绥远城将军	热河都统	察哈尔都统	乌鲁木齐都统	库伦办事大臣	乌里雅苏台参赞大	科布多参赞大臣	伊犁参赞大臣	塔尔巴哈台参赞大	喀什噶尔参赞大臣	哈密办事大臣	喀喇沙尔办事大臣	库车办事大臣	阿克苏办事大臣	乌什办事大臣	叶尔羌办事大臣	和阗办事大臣	西宁办事大臣	驻藏办事大臣

	松筠
	策巴克
	徐绩
	佛住三月庚戌来京。奇丰额叶尔羌办事
	雅尔泰
	阳春保
	伊桑阿
	普福
	僧保住正月戊辰，哈密办事大臣。
	琅玕三月庚戌来京，长麟喀什噶尔参赞
臣	乌弥伍逊解任。九月戊午，贡楚克扎布塔
	贡楚克扎布九月戊午迁。特成额科布多
臣	额乐春
	特克慎
	永保三月差。书麟署乌鲁木齐都统。
	博兴
	乌尔图纳逊三月壬申迁。癸亥，富锐绥远
	保宁
	图桑阿
	永琨
	秀林
	林宁

	松筠
	策巴克四月
	徐绩
大臣。	奇丰额
	雅尔泰
	阳春保
	伊桑阿
	普福二月解
	乌弥伍逊
大臣。	长麟
尔巴哈台参赞大臣。	贡楚克札布
参赞大臣。十二月戊戌，富俊代。	富俊
	额乐春四月
	特克慎
	书麟
	博兴
城将军。	富锐
	保宁
	图桑阿五月
	永琨迁。五月
	秀林
	琳宁
	嘉庆二年丁

	松筠
己未解任。奎舒西宁办事大臣。	奎舒
	徐绩
	奇丰
	雅尔
	阳春
	伊桑
任。阿尔塔锡第喀喇沙尔办事大臣。	阿尔
	乌弥
	长麟
	贡楚
	富俊
辛卯革。花尚阿乌里雅苏台参赞大臣。	花尚
	特克
	书麟
	博兴
	富锐
	保宁
庚戌免。永琨乌里雅苏台将军。	永琨
丁巳，额尔博黑龙江将军。	额尔
	秀林
	琳宁
巳	嘉庆

额
泰六月癸巳革逮。乌尔图纳逊乌什办事大
保
阿
塔锡第
伍逊
克札布
阿
慎八月迁。普福库伦办事大臣。
迁。五月丙子，永庆绥远城将军。
博二月丁未病免。那奇泰黑龙江将军。
三年戊午

	松筠正月庚辰迁。英善驻藏办事大臣。
	奎舒九月戊辰逮。台费荫代。
	徐绩迁。五月乙亥，恩长和阗办事大臣。
	奇丰额
臣。	乌尔图纳逊五月回京。七月庚辰，徐绩代。
	阳春保
	伊桑阿九月己巳回京。奇臣库车办事大
	阿尔塔锡第迁。二月庚午，纳音喀喇沙尔
	乌弥伍逊回京。十二月庚戌，佛志哈密办
	长麟八月戊子召。富俊喀什噶尔参赞大
	贡楚克札布
	富俊正月壬戌迁。策巴克科布多参赞大
	花尚阿二月回京。那敏泰乌里雅苏台参
	普福二月回京。佛尔卿额库伦办事大臣。
	书麟正月壬戌召。富俊乌鲁木齐都统。兴
	博兴
	永庆
	保宁
	永琨三月乙亥来京。绵佐乌里雅苏台将
	那奇泰
	秀林
	琳宁
	嘉庆四年己未

	英善正
	台费荫
	恩长六
	奇丰额
十二月戊子，都尔嘉乌什办事大臣。	都尔嘉
	阿春保
臣。	奇臣
办事大臣。	纳音
事大臣。	佛志
臣。	富俊
	贡楚克
臣。	策巴克
赞大臣。四月回京。宜绵代。	宜绵革。
	佛尔卿
奎署。八月戊子，富俊迁。兴奎代。	兴奎
	博兴
	永庆
	保宁正
军。	绵佐
	那奇泰
	秀林
	琳宁三
	嘉庆五

月丁丑革。和宁驻藏办事大臣。
免。十月辛丑，台布西宁办事大臣。
月回京。兴肇和阗办事大臣
六月癸丑，托津叶尔羌办事大臣。
十一月己卯，伊崇阿乌什办事大臣。勒勒金
迁。十一月己卯，富色铿额阿克苏办事大臣。
札布
正月丁丑，那奇泰乌里雅苏台参赞大臣。
额
月辛酉召。松筠伊犁将军。闰五月甲子革。保
正月戊寅降。景熠黑龙江将军。
月辛酉回京。晋昌盛京将军。
年庚申

	和宁正月迁。英善驻藏办事大臣。
	台布
	兴肇
	托津
布代。	伊崇阿
	富色铿额
	奇臣
	纳音五月辛丑回京。绷武布喀喇沙
	隆福
	富俊
	贡楚克扎布
	策巴克
	那奇泰二月戊午迁。永保乌里雅苏
	佛尔卿额
	兴奎
	博兴十二月召。观明察哈尔都统。
	永庆五月癸巳回京。崇尚绥远城将
宁仍任。	保宁
	绵佐
	景熠二月戊午革逮。那奇泰黑龙江
	秀林
	晋昌
	嘉庆六年辛酉

	英善
	台布
	兴肇十月迁。弘康和阗办事大
	托津九月迁。富俊叶尔羌办事
	伊崇阿
	富色铿额
	奇臣迁。十月，隆福库车办事大
尔办事大臣。	绷武布九月甲午迁。明兴喀喇
	隆福十月己酉迁。麒麟保哈密
	富俊九月调。托津喀什噶尔参
	贡楚克札布二月召。策巴克塔
	策巴克二月迁。宜兴科布多参
台参赞大臣。	永保十一月迁。富俊乌里雅苏
	佛尔卿额
	兴奎七月调。明亮乌鲁木齐都
	观明
军。	崇尚
	保宁正月壬午召。松筠伊犁将
	绵佐
将军。恒博署。	那奇泰
	秀林
	晋昌
	嘉庆七年壬戌

	英
	台
臣。	弘
大臣。十月迁。多山代。	多
	伊
	富
臣。	隆
沙尔办事大臣。十月己酉，那清保代。	那
办事大臣。	麒
赞大臣。	托
尔巴哈台参赞大臣。十月己酉召。兴肇代。	兴
赞大臣。	宜
台参赞大臣。	富
	佛
统。	明
	观
	崇
军。	松
	绵
	那
	秀
	晋
	嘉

善十一月回京。辛丑，福宁驻藏办事大臣。

布闰月丙寅病免。丁卯，都尔嘉西宁办事大

康

山

崇阿

色铿额

福迁。十月辛未，那清保库车办事大臣。

清保十一月辛丑迁。麒麟保代。

麟保十一月辛丑迁。贾熠哈密办事大臣。

津十月迁。戊戌，和宁喀什噶尔参赞大臣。

肇

兴六月戊辰，回京。恒博科布多参赞大臣。

俊四月留京。常龄乌里雅苏台参赞大臣。寻

尔卿额召。十一月，阿尔达西的库伦办事大

亮

明十二月戊寅调。佛尔卿额察哈尔都统。

尚八月壬午调。德尔格楞贵绥远城将军。十

筠

佐七月丙午来京。成宽乌里雅苏台将军。

奇泰革。十二月戊寅，观明黑龙江将军。

林五月癸丑调。富俊吉林将军。八月壬午调。

昌八月壬午革。富俊盛京将军。成林暂署。

庆八年癸亥

	福宁召。十月癸酉，策巴
臣。臣。	都尔嘉
	弘康
	多山正月甲寅回京。达
	伊崇阿正月壬寅召。绷
	富色铿额十月癸酉回
	那清保七月壬寅卒。常
	麒麟保十月癸酉回京。
	景熠
	和宁
	兴肇十月癸酉回京。果
	恒博
改名常安。	常安
臣。	阿尔达西的四月壬午
	明亮五月己丑调。奇臣
	佛尔卿额
二月卒。癸未，奇臣代。	奇臣五月己丑迁。春宁
	松筠
	成宽
	观明
秀林仍任。	秀林
	富俊
	嘉庆九年甲子

克驻藏办事大臣。

庆叶尔羌办事大臣。

武布乌什办事大臣。

京。永悫阿克苏办事大臣。

明库车办事大臣。

来灵喀喇沙尔办事大臣。

勒明阿塔尔巴哈台参赞大臣。

迁。德勒克札布库伦办事大臣。七月己酉召。

乌鲁木齐都统。

绥远城将军。

	嘉庆十年乙丑
	富俊
	秀林
	观明
	成宽
	松筠
	春宁
	佛尔卿额
	奇臣
玉衡代。	玉衡 四月庚辰，福海库伦办事大臣。
	常安
	恒博
	果勒明阿 九月丁卯降。达庆塔尔巴
	和宁
	景熠 十二月壬寅，明兴哈密办事大
	来灵
	常明 三月壬寅来京。阿尔绷额库车
	永慧
	绷武布 四月戊辰召。晋昌乌什办事
	达庆 九月丁卯迁。盛住叶尔羌办事
	弘康 三月丙戌迁。继善和阗办事大
	都尔嘉 四月戊辰逮问。玉宁西宁办
	策巴克 九月丁巳革。十月壬辰，玉宁

驻藏办事大臣。	玉宁
事大臣。十月壬辰迁。贡楚克札布代。	贡楚克
臣。	继善五
大臣。	盛住
大臣。	晋昌正
	永慈迁。
办事大臣。	阿尔绷
	来灵正
臣。	明兴正
	和宁正
哈台参赞大臣。	达庆
	恒博十
	常安
	福海
	奇臣十
	佛尔卿
	春宁
	松筠
	成宽
	观明
	秀林
	富俊
	嘉庆十

札布十二月戊子，恒博代。

月戊辰来京。永来和阗办事大臣。

月壬戌迁。范建丰乌什办事大臣。

九月己巳，雅满泰阿克苏办事大臣。

额正月丁巳迁。广厚库车办事大臣。

月己巳回京。玉庆喀喇沙尔办事大臣。十一

月己巳议免。成书哈密办事大臣。十一月庚

月丁巳迁。晋昌喀什噶尔参赞大臣。

月乙未免。倭什布科布多参赞大臣。十一月

月乙巳解任。和宁乌鲁木齐都统。
额

一年丙寅

	王宁
	恒博五月乙巳议免。那
	永来二月戊子回京。庆
	盛住九月庚戌迁。高杞
	范建丰九月庚戌迁。玉
	雅满泰
	广厚五月乙巳迁。公峩
月迁。十二月仍留。	王庆五月查办。乙巳，广
申迁。花尚阿代。	花尚阿
	晋昌九月庚戌迁。范建
	达庆五月己未迁。爱星
癸丑革。扎克塔尔代。	扎克塔尔
	常安五月己酉回京。祥
	福海
	和宁
	佛尔卿额四月免。癸未，
	春宁八月卒。丁酉，来仪
	松筠
	成宽九月卒。庚戌，晋昌
	观明
	秀林
	富俊
	嘉庆十二年丁卯

彦成西宁办事大臣。

长和阗办事大臣。

叶尔羌办事大臣。

德乌什办事大臣。

库车办事大臣。

厚喀喇沙尔办事大臣。

丰喀什噶尔参赞大臣。

阿塔尔巴哈台参赞大臣。

保乌里雅苏台参赞大臣。

贡楚克札布察哈尔都统。八月丙申革。庆怡

绥远城将军。

乌里雅苏台将军

	玉宁十月乙巳回京。文弼驻藏办事大臣。
	那彦成三月庚戌迁。文孚西宁办事大臣。
	庆长十月丙午召。策巴克和阗办事大臣。
	高杞
	玉德六月戊午病免。积拉堪乌什办事大
	雅满泰十月乙巳召。那彦宝阿克苏办事
	公峩卒。正月乙卯，来灵库车办事大臣。
	广厚十二月庚申迁。那彦成喀喇沙尔办
	花尚阿十一月辛卯，成德哈密办事大臣。
	范建丰六月庚申召。积那堪喀什噶尔参
	爱星阿闰五月己丑议免。祥保塔尔巴哈
	札克塔尔十一月辛卯召。策巴克科布多
	祥保闰五月己丑迁。达禄乌里雅苏台参
	福海十一月辛卯，绷武布库伦办事大臣。
	和宁十月丙午召。色克通阿乌鲁木齐都
代。	庆怡
	来仪
	松筠
	晋昌
	观明
	秀林
	富俊
	嘉庆十三年戊辰

	文
	文
十一月辛卯迁。阳春保和阗办事大臣。	阳
	高
臣。庚申迁。佛伦保代。十一月，阿尔松阿代。	阿
大臣。	那
	来
事大臣。	那
	成
赞大臣。成林署。	积
台参赞大臣。	祥
参赞大臣。	策
赞大臣。	达
	绷
统。	色
	庆
	来
	松
	晋
	观
	秀
	富
	嘉

弼

孚

春保六月午迁。台斐音和阗办事大臣。

杞病免。二月戊申，那彦成叶尔羌办事大臣。

尔松阿

彦宝

灵

彦成二月迁。哈丰阿喀喇沙尔办事大臣。十

德

那堪四月戊戌召。松筠喀什噶尔参赞大臣。

保

巴克九月壬午回京。长龄科布多参赞大臣。

禄

武布

克通阿正月庚辰免。兴奎乌鲁木齐都统。

恰

仪

筠三月己丑革。晋昌伊犁将军。

昌三月己丑迁。观明乌里雅苏台将军。

明三月己丑迁。斌静黑龙江将军。

林十二月辛丑迁。赛冲阿吉林将军。

俊

庆十四年己巳

六月丙午迁。伊铿额代。十二月壬辰迁。贡楚
月辛丑迁。色克通阿代。
六月丙午迁。那彦成代。十二月迁。伊铿额代。

	文弼十月壬寅来京。阳春保驻藏
	文孚
	台斐音二月己亥迁。色克通阿和
克札布代。	贡楚克札布六月丁酉迁。铁保叶
	阿尔松阿十月壬寅召。伊冲阿乌
	那彦宝七月丙子迁。范建丰阿克
	来灵
	色克通阿二月己亥迁。哈隆阿喀
	成德
	伊铿额七月癸酉革。铁保喀什噶
	祥保迁。六月丁酉，贡楚克札布塔
	长龄九月癸酉迁。策巴克科布多
	达禄七月癸酉革。丙子，温春乌里
	绷武布二月戊戌降。己亥，台斐音
	兴奎
	庆怡十二月迁。兴肇察哈尔都统。
	积那堪六月戊戌，热河都统。八月
	来仪
	晋昌
	观明八月己丑迁。庆溥乌里雅苏
	斌静
	赛冲阿
	富俊八月己丑革。观明盛京将军。
	嘉庆十五年庚午六月戊戌，设热

办事大臣。	阳春
	文孚
阗办事大臣。五月辛未迁。阿兰保代。	阿兰
尔羌办事大臣。七月丙子迁。那彦宝代。	那彦
什办事大臣。	伊冲
苏办事大臣。	范建
	来灵
喇沙尔办事大臣。	哈隆
	成德
尔参赞大臣。	铁保
尔巴哈台参赞大臣。	贡楚
参赞大臣。	策巴
雅苏台参赞大臣。九月卒。癸酉，长龄代。	长龄
库伦办事大臣。	台斐
	兴奎
	兴肇
迁。毓秀代。	毓秀
	来仪
	晋昌
台将军。	庆溥
	斌静
	赛冲
	观明
河都统。	嘉庆

保十月免。瑚图礼驻藏办事大臣。

保

宝三月癸丑迁。百祥叶尔羌办事大臣。

阿十月丙辰迁。爱星阿乌什办事大臣。

丰九月壬辰迁。瑚图礼阿克苏办事大臣。十

十月丙辰召。乌勒德呢库车办事大臣。

阿

十月丙辰召。文弼哈密办事大臣。十二月丁

迁。九月壬辰，范建丰喀什噶尔参赞大臣。十

克札布三月癸丑召。那彦宝塔尔巴哈台参

克

五月乙未迁。恩长乌里雅苏台参赞大臣。

间

七月乙巳议免。贡楚克札布察哈尔都统。成

闰三月迁。果勒丰阿绥远城将军。

阿

十二月癸丑议免。和宁盛京将军。

十六年辛未

	瑚图礼
	福克精阿
	阿兰保十月
	百祥
	爱星阿
月迁。托云泰代。	托云泰
	乌勒德呢
	哈隆阿
已，德通代。	德通
	范建丰七月
赞大臣。十月丙辰迁。伊冲阿代。	伊冲阿
	策巴克三月
	恩长迁。七月
	台斐音十月
	兴奎
宁署。八月壬子迁。本智署。	贡楚克札布
	毓秀
	果勒丰阿
	晋昌
	庆溥
	斌静
	赛冲阿
	和宁
	嘉庆十七年

	瑚图礼
	福克精
壬子回京。庆通和阗办事大臣。	庆通
	百祥
	爱星阿
	托云泰
	乌勒德
	永芹
	德通
戊戌革。恩长喀什噶尔参赞大臣。	恩长
	伊冲阿
戊寅病免。巴克坦科布多参赞大臣。	巴克坦
戊戌，玉宁乌里雅苏台参赞大臣。	玉宁
辛亥爱代。苏冲阿库伦办事大臣。	苏冲阿
	兴奎七
	贡楚克
	毓秀八
	果勒丰
	晋昌六
	庆溥
	斌静四
	赛冲阿
	和宁十
壬申	嘉庆十

阿

十二月降。西拉布乌什办事大臣。

呢

十一月壬午来京。松福塔尔巴哈台参赞大

月戊辰革。长龄乌鲁木齐都统。九月壬辰迁。

札布

月壬子降。高杞热河都统。九月乙巳，毓秀署。

阿

月庚申召。松筠兼任伊犁将军。

月癸亥召。富俊黑龙江将军。

四月戊午迁。喜明吉林将军。

二月议。晋昌盛京将军。

八年癸酉

	瑚
	福
	庆
	百
	西
	托
	乌
	永
	德
	恩
臣。	松
	巴
	玉
	苏
晋昌代。刘芬署。十二月，晋昌迁。伊冲阿代。	伊
	贡
	高
	果
	松
	庆
	富
	喜
	晋
	嘉

图礼二月癸丑召。喜明驻藏办事大臣。
克精阿
通十二月癸酉，贡楚克札布和阗办事大臣。
祥二月己亥玉麟叶尔羌办事大臣。
拉布
云泰四月甲戌革。杨树曾阿克苏办事大臣。
勤德呢四月己丑回京。绪庄库车办事大臣。
芹闰月庚辰，瑚尔卿额喀喇沙尔办事大臣。
通闰月甲子召。庆长哈密办事大臣。
长十月壬申迁。成宁喀什噶尔参赞大臣。
福
克垣卒。二月壬寅，巴绷布科布多参赞大臣。
宁召。二月己亥，文凯乌里雅苏台参赞大臣。
冲阿
冲阿十二月丙午病免。高杞乌鲁木齐都统。
楚克札布十二月壬申降。祥保察哈尔都统。
杞二月丙午迁。和宁热河都统。毓秀仍署。闰
勤丰阿
筠
溥十月乙丑迁。伊冲阿乌里雅苏台将军。
俊二月辛亥迁。特依顺黑龙江将军。
明二月辛亥降。富俊吉林将军。
昌
庆十九年甲戌

	喜明
	福克精
	贡楚克
	王麟
	西拉布
	杨树曾
	绪庄十
	乌尔卿
	庆长十
	成宁九
	松福九
	巴绷布
	文凯
	苏冲阿
刘芬署。	嵩杞
	祥保
四月甲子迁。文宁代。五月降。和宁任。	和宁
	果勒丰
	松筠十
	伊冲阿
	特依顺
	富俊
	晋昌
	嘉庆二

阿十月丁卯召。来灵西宁办事大臣。寻迁。绪

札布九月癸巳迁。西林布和阗办事大臣。

召。十一月丁亥，成宁乌什办事大臣。

三月丁亥。调。福昂阿克苏办事大臣。

月辛巳迁。来灵库车办事大臣。

额九月癸巳迁。额勒精布喀喇沙尔办事大

月丁卯召。东林哈密办事大臣。

月癸巳召。松福喀什噶尔参赞大臣。

月癸巳迁。富僧德塔尔巴哈台参赞大臣。

十月丁卯召。长庆库伦办事大臣。

额

月己未召。长龄伊犁将军。

保

十年乙亥

嘉庆二十一年丙子	
晋昌	
富俊	
特依顺保	
伊冲阿	
长龄	
果勒丰阿	
和宁七月丙辰迁。庆	
祥保	
高杞	
长庆	
文凯	
巴绷布	
富僧德十月庚寅降。	
松福	
东林	
永芹七月壬子回京。	臣。十一月丁亥，永芹代。
来灵	
福昂回京。十月庚寅，	
成宁五月丁未迁。成	
玉麟	
西林布	
绪庄二月戊寅松宁	庄代。
喜明	

	喜明五
西宁办事大臣。	松宁二
	西林布
	玉麟五
书乌什办事大臣。	成书
同兴阿克苏办事大臣。	同兴
	来灵
祥启喀喇沙尔办事大臣。	祥启
	东林
	松福
贡楚克札布塔尔巴哈台参赞大臣。	贡楚克
	巴绷布
	文凯
	长庆
	高杞二
	祥保六
祥热河都统。	庆祥四
	果勒丰
	长龄二
	伊冲阿
	特依顺
	富俊二
	晋昌二
	嘉庆二

月辛酉迁。玉麟驻藏办事大臣。

月乙丑迁。玉麟西宁办事大臣。

月辛酉迁。斌静叶尔羌办事大臣。

札布

月乙丑迁。刘芬兼署乌鲁木齐都统。四月壬

月甲戌迁。松筠察哈尔都统。

月壬辰迁。庆溥热河都统。十一月乙丑迁。伊

阿

月乙丑迁。晋昌伊犁将军。高杞署。

迁。五月辛酉，喜明乌里雅苏台将军。

保

月乙丑迁。松宁吉林将军。

月乙丑迁。富俊盛京将军。

十二年丁丑

	玉麟
	那尔松阿七月壬子召。福
	西林布
	斌静十月辛巳迁。成书叶
	成书十月辛巳迁。巴哈布
	同兴
	来灵
	祥启
	东林九月戊申迁。多山哈
	松福十月辛巳召。斌静喀
	贡楚克札布
	巴绷布召。十月辛巳，富和
	文凯二月乙酉病免。达禄
	长庆十一月庚戌召。巴彦
辰，高杞革。庆祥代。	庆祥
	松筠十月丁亥迁。伊冲阿
冲阿代。	伊冲阿迁。九月戊午，松宁
	果勒丰阿十一月戊申，松宁革。
	晋昌
	喜明卒。十一月己亥，特依
	特依顺保十一月己亥迁。
	松宁九月戊午迁。富俊吉
	富俊九月戊午迁。赛冲阿
	嘉庆二十三年戊寅

宁西宁办事大臣。

尔羌办事大臣。

乌什办事大臣。

密办事大臣。

什噶尔参赞大臣。

科布多参赞大臣。

乌里雅苏台参赞大臣。

图库伦办事大臣。

察哈尔都统。十一月己亥留热河。庆溥代。

热河都统。十一月己亥迁。伊冲阿仍留。

八十六绥远城将军。丁亥，松筠署。十二月，八

顺保乌里雅苏台将军。

松宁黑龙江将军。

林将军。禄成署。

盛京将军。

	王麟
	福宁
	西林布
	成书
	巴哈布
	同兴三月丙申革。伊继额阿
	来灵十一月乙丑召。崇安库
	祥启十一月乙丑召。明叙喀
	多山八月丁巳免。福珠隆阿
	斌静
	贡楚克札布十一月乙丑召。
	庆祥十一月丙戌，伊犁参赞
	富和
	达禄
	巴彦图
	庆祥十一月丙戌迁。贡楚克
	庆溥
	伊冲阿五月辛未病。诚安热
十六迁。禄成代。	禄成
	晋昌
	特依顺保
	松宁
	富俊
	赛冲阿九月癸酉迁。松筠盛
	嘉庆二十四年己卯

	玉麟十月戊子
	福宁二月壬辰
	西林布
	成书十一月辛
	巴哈布
克苏办事大臣。	伊铿额卒。十一
车办事大臣。	崇安
喇沙尔办事大臣。	明叙
哈密办事大臣。	福珠隆阿
	斌静解任。十一
先福塔尔巴哈台参赞大臣。	先福回京。十月
大臣。	庆祥
	富和
	达禄
	巴彦图
札布乌鲁木齐都统。	贡楚克札布十
	庆溥六月壬子
河都统。统。	诚安十一月癸
	禄成
	晋昌四月乙未
	特依顺保
	松宁四月己酉
	富俊
京将军。	松筠四月己酉
	嘉庆二十五年

驻藏办	召。文干驻藏办事大臣。
西宁办	解纳西宁办事大臣。
和阗办	
叶尔羌	未，穆通阿叶尔羌办事大臣。
乌什办	
阿克苏	月辛未，永明额阿克苏办事大臣。
库车办	
喀喇沙	
哈密办	
喀什噶	月丁卯，武隆阿喀什噶尔参赞大臣。
塔尔巴	庚辰，百顺塔尔巴哈台参赞大臣。
伊犁参	
科布多	
乌里雅	
库伦办	
乌鲁木	月戊寅回京。德英阿乌鲁木齐都统。
察哈尔	迁。富兰察哈尔都统。
热河都	西迁。松筠热河都统。
绥远城	
伊犁将	回京。庆祥伊犁将军。
乌里雅	
黑龙江	迁。奕颢黑龙江将军。壬子，春盛保署。
吉林将	
盛京将	降。松宁盛京将军。壬子，富僧德署。
道光元	庚辰

事大臣	文干
事大臣	素纳八月庚
事大臣	西林布
办事大臣改喀什噶尔队大臣	穆通阿
事大臣	巴哈布
办事大臣	永明额
事大臣	崇安
尔办事大臣	明叙
事大臣	福珠隆阿
尔参赞大臣改叶尔羌	武隆阿
哈台参赞大臣	百顺
赞大臣	
参赞大臣	富和
苏台参赞大臣	达禄十月乙
事大臣	广庆
齐都统	德英阿
都统	富兰
统	松筠五月己
将军	禄成
军	庆祥
苏将军	特依顺保
将军	奕颢
军	富俊
军	松箖
年辛巳	

	文干
辰降调。仍留。十月乙酉召。松筠代。	松筠九月
	西林布四
	穆通阿
	巴哈布五
	永明额
	崇安
	明叙五月
	长庆
	武隆阿九
	百顺卒。十
	富和五月
酉召。八十乌里雅苏台参赞大臣。	八十
	广庆
	德英阿六
	富兰
巳迁。庆惠热河都统。	庆惠五月
	禄成十月
	庆祥
	特依顺保
	奕颢正月
	富俊六月
	松筠正月
	道光二年

丙子，武隆阿西宁办事大臣。

月乙巳病免。文弼和阗办事大臣。十一月庚

月癸卯回京。徐锟乌什办事大臣。九月丙子

戊戌解任。六月癸丑，永芹喀喇沙尔办事大

月丙子迁。秀堃喀什噶尔参赞大臣。十一月

月辛酉，特依顺保塔尔巴哈台参赞大臣。

辛巳降。那彦宝科布多参赞大臣。

月己巳，阿英阿乌鲁木齐都统。

丁亥议免。廉善热河都统。七月丁未休。成德

辛酉迁。德英阿绥远城将军。

正月庚午来京。奕颢乌里雅苏台将军。

庚午迁。松箖黑龙江将军。六月己巳迁。德英

己巳迁。松箖吉林将军。

庚午迁。晋昌盛京将军。

壬午

	文干
	武隆
子召。秀埜代。	秀埜
	穆通
迁。丁丑，庆惠代。	庆惠
	永明
	崇安
臣。十二月甲寅迁。徐锟代。	徐锟
	长庆
丙子迁。布彦泰代。十二月甲寅，永芹代。	永芹
	特依
	那彦
	八十
	广庆
	英惠
	富兰
代。十二月卒。庆保代。	廉善
	德英
	庆祥
	奕颢
阿代。十二月庚申迁。禄成代。	禄成
	松箖
	晋昌
	道光

七月辛巳调。松筠驻藏办事大臣。

阿五月辛巳来京。松筠西宁办事大臣。七月

十一月丁卯病免。敦良和阗办事大臣。

阿

十一月丁卯迁。富纶乌什办事大臣。

额十月乙卯召。英桂阿克苏办事大臣。

十月乙卯召。果良额库车办事大臣。

十月乙卯召。恒敬哈密办事大臣。

顺保五月辛巳迁。哈尔祥阿塔尔巴哈台参

宝

十一月壬辰免。瑚松额察哈尔都统。

阿

六月戊午来京。果勒丰额乌里雅苏台将军。

九月辛壬辰，松筠吉林将军。富登额暂署。

三年癸未

	道光四年甲申
	晋昌
	松筠二月丁酉迁。富俊吉
	禄成
	果勒丰额十二月癸未病
	庆祥
	德英阿
	庆保十二月癸未迁。那清
	瑚松额
	英惠
	广庆三月辛卯召。松长庠
	八十
	那彦宝三月壬辰召。巴琫
赞大臣。	哈尔祥阿九月辛巳调。彦
	永芹
	恒敬
	徐锟
	果良额
	和桂十一月丙辰迁。海龄
	富纶十一月丙辰免。和桂
	穆通阿卒。十一月乙未，常
	敦良十一月乙未召。奕湄
壬午迁。穆兰岱代。	穆兰岱
	松颋

	松颋
	穆兰岱
和阗办事大臣	奕湄
德叶尔羌办事大臣。	常德 十二月丙辰
乌什办事大臣	和桂 十二月丙辰
阿克苏办事大臣。	海龄阿 二月癸亥
	果良额
	徐锟 十月癸酉回
	恒敬
	永芹 十月壬午，卒。
德塔尔巴哈台参赞大臣。	彦德
阿科布多参赞大臣。	巴琫阿
	八十
伦办事大臣。	松长
	英惠
	瑚松额 七月丁未
安热河都统。	那清安
	奕颢
	庆祥 九月甲辰来
免。庆保乌里雅苏台将军。	庆保 七月丁未病
	禄成
林将军。	富俊
	晋昌
	道光五年乙酉

召。音登额叶尔羌办事大臣。
召。庆廉乌什办事大臣。
迁。长清阿克苏办事大臣。
京。巴哈布喀喇沙尔办事大臣。
庆祥喀什噶尔参赞大臣。穆克登布暂署。
迁。和世泰察哈尔都统。
京。德英阿署伊犁将军。十月庚辰，长龄代署。
免。德英阿乌里雅苏台将军。九月甲辰调。松

松颋	
穆兰岱	
奕湄六月殉。	
音登额殉。	
庆兼十一月乙	
长清	
果良额改帮办。	
巴哈布	
恒敬	
庆祥六月殉。	
彦德	
巴琫阿	
八十	
松长六月甲寅	
英惠	
和世泰九月丁	
那清安五月乙	
奕颢	
长龄七月乙巳	十一月壬午，庆祥迁。长龄补。
德英阿七月丙	筠署。
禄成	
富俊	
晋昌	
道光六年丙戌	

酉免。多贵署乌什办事大臣。

六月丙辰，那彦宝库车办事大臣。

病免。乐善库伦办事大臣。

亥免。博启图察哈尔都统。

巳迁。明山热河都统。戊戌迁。庆惠代。十一月

差。丁未，德英阿署。

午调。九月癸卯，格布舍乌里雅苏台将军。

	松筠二月丁未迁。惠显驻藏
	穆兰岱四月己未假。特依顺
	成王闰五月戊申，署和阗办
	达凌阿闰五月戊申，署叶尔
	多贵二月恒敬代。七月甲子，
	长清
	那彦宝十一月丙午迁。果良
	巴哈布
	恒敬二月丙辰迁。丁巳，恩铭
	武隆阿七月甲子，喀什噶尔
	彦德十二月甲戌迁。那彦宝
	容安九月甲子，伊犁参赞大
	巴璊阿十月辛卯回京。额勒
	八十
	乐善
	英惠
	博启图七月己未迁。安福察
庚寅卒。升寅代。	升寅七月辛酉病免。那清安
	奕颢闰五月戊申迁。晋昌绥
	德英阿
	格布舍十二月甲戌召。彦德
	禄成
	富俊七月己未迁。博启图吉
	晋昌闰五月戊申迁。奕颢盛
	道光七年丁亥

办事大臣。

保暂兼署西宁办事大臣。

事大臣。七月乙丑，果良额代。十月辛卯召。多

羌办事大臣。七月甲子，恒敬代。

多贵仍任。

额署库车办事大臣。

哈密办事大臣。

参赞大臣。十一月乙巳免。那彦宝代。

塔尔巴哈台参赞大臣。

臣。

津科布多参赞大臣。

哈尔都统。福克精额署。

热河都统。癸亥迁。英和热河都统。

远城将军。

乌里雅苏台将军。

林将军。

京将军。

	惠显
	穆兰岱
隆武代。	多隆武八月丁亥迁。德惠和阗办事
	恒敬召。四月庚辰，札隆阿叶尔羌办
	多贵四月庚辰迁。布彦泰乌什办事
	长清
	果良额三月甲子绵库车办事大臣。
	巴哈布八月丁亥迁。福绵喀喇沙尔
	恩铭
	武隆阿正月癸亥，仍为喀什噶尔参
	那彦宝九月丙寅迁。达凌阿塔尔巴
	容安
	额勒津
	八十十月召。庆山乌里雅苏台参赞
	乐善
	英惠
	安福
	英和正月丙午差。松筠署。八月己卯，
	晋昌正月乙丑召。果齐斯欢绥远城
	德英阿
	彦德
	禄成四月甲申革。果齐斯欢署。九月
	博启图
	奕颢
	道光八年戊子

大臣。
事大臣。
大臣。
四月庚辰，常格代。
办事大臣。
赞大臣。
哈台参赞大臣。
大臣。
英和病免。成格热河都统。
将军。四月甲申，特依顺保代。九月丙寅迁。那
丙寅卒。特依顺保黑龙江将军。

	惠显
	穆兰岱
	德惠十一月己未病免。武隆阿和阗
	扎隆阿正月辛酉迁。璧昌署叶尔羌
	布彦泰正月辛酉迁。常德乌什办事
	长清
	常格
	福绵六月癸亥迁。根楚克策楞喀喇
	恩铭忧免。八月甲子，萨迎阿哈密办
	武隆阿正月辛酉召。札隆阿署喀什
	达凌阿十二月戊寅迁。巴哈布塔尔
	容安
	额勒津解任。六月癸亥，福绵科布多
	庆山
	乐善
	英惠十一月丁巳召。成格乌鲁木齐
	安福六月丙子召。福克精阿署哈
	成格十一月丁巳迁。裕恩热河都统。
彦宝代。	那彦宝
	德英阿六月甲戌卒。玉麟伊犁将军。
	彦德
	特依顺保
	博启图二月甲午迁。瑚松额吉林将
	奕颢
	道光九年己丑

办事大臣。

办事大臣。十二月补。

大臣。

沙尔办事大臣。庆山署。八月己卯，穆馨阿代。

事大臣。乙酉迁。穆馨阿代。

噶尔参赞大臣。

巴哈台参赞大臣。

参赞大臣。

都统。

尔都统。十二月丁亥补。

军。

	惠显十月癸卯召。兴科驻藏
	穆兰岱卒。八月辛卯，布彦泰
	武隆阿三月庚寅召。诚端和
	璧昌
	常德
	长清
	常格
乙酉，萨迎阿代。	萨迎阿十一月壬午调嵩孚
	穆馨阿五月丁丑召。布彦泰
	札隆阿
	巴哈布
	容安九月丁丑革。布彦泰伊
	福绵
	庆山六月戊戌迁。奕颢乌里
	乐善十月壬寅迁，奕颢库伦
	成格
	福克精阿三月乙巳迁。武忠
	裕恩
	那彦宝三月癸卯迁。升寅绥
	玉麟
	彦德十月壬寅召。乐善乌里
	特依顺保三月乙卯迁。富僧
	瑚松额二月乙丑忧。倭额泰
	奕颢三月乙巳召。瑚松额盛
	道光十年庚寅

办事大臣。	兴科
西宁办事大臣。九月迁。恒敬代。	恒敬
阗办事大臣。	诚端
	璧昌
	常德
	长清
	常格
喀喇沙尔办事大臣。	嵩孚
哈密办事大臣。八月辛卯，松颋代。	松颋
	扎隆
	巴哈
犁参赞大臣。	布彦
	福绵
雅苏台参赞大臣。十月壬寅迁。恩铭代。	恩铭
办事大臣。	奕颢
	成格
额察哈尔都统。	武忠
	裕恩
远城将军。	升寅
	玉麟
雅苏台将军。	乐善
德黑龙江将军。伊勒通额护。裕英署。	富僧
暂署。三月乙巳，福克精阿吉林将军。	福克
京将军。富俊暂署。	瑚松
	道光

十月己丑迁。常丰和阗办事大臣。
二月戊申迁。常德叶尔羌办事大臣。十月己
二月戊申迁。奇成额乌什办事大臣。十月己
二月丁酉病免。额勒锦喀喇沙尔办事大臣。
六月己丑病免。敦良哈密办事大臣。
阿解任。二月戊申，璧昌喀什噶尔参赞大臣。
布十月乙未召。常德塔尔巴哈台参赞大臣。
泰
卒。三月丙寅，英惠科布多参赞大臣。
十二月戊子迁。禄普乌里雅苏台参赞大臣。
八月乙巳免。廉敬库伦办事大臣。
额
病免。八月壬寅，保昌热河都统。
十二月乙酉迁。彦德绥远城将军。
德
精阿九月癸亥革。宝兴吉林将军。富俊署。
额
十一年辛卯，改喀什噶尔参赞大臣为叶尔

丑裁，改领队大臣，额尔古伦任。
丑迁。常德代。乙未迁。萨迎阿代。

十月乙未召。赛尚阿代。

十月丁亥，移叶尔羌，壁昌叶尔羌参赞大臣。

羌参赞大臣，喀什噶尔设领队大臣。

兴科
恒敬十月庚申假。舒通阿西宁办事大臣。
常丰
额尔古伦
萨迎阿九月壬申迁。兴德乌什办事大臣。
长清十月庚申迁。诚端阿克苏办事大臣。
常格
额勒锦
赛尚阿五月乙亥免。赓福署哈密办事大臣。
璧昌十月庚申召。长清叶尔羌参赞大臣。
常德二月庚子迁。布彦泰塔尔巴哈台参赞
布彦泰迁。二月庚子，常德伊犁参赞大臣。
英惠七月戊申假。钟昌科布多参赞大臣。十
禄普
廉敬
成格
武忠额
保昌
彦德
玉麟九月甲寅召。特依顺保伊犁将军。
乐善
富僧德
宝兴
瑚松额三月丁巳召。奕颢署盛京将军。
道光十二年壬辰

九月召。壬申，萨迎阿代。

大臣。

月卒。十一月乙亥，阿勒精阿代。十二月戊辰

	兴科正月召。隆文驻藏办事大
	舒通阿
	常丰
	额尔古伦正月癸巳假。乌珍泰
	常恒九月丙戌迁。兴科代。
	诚端九月壬午病免。兴德阿克
	常格七月癸未病免。庆林库车
	额勒锦
	萨迎阿九月壬午迁。兴科哈密
	长清
	布彦泰十月己丑迁。常德塔尔
	常德十一月己丑迁。布彦泰伊
迁。孝顺岱代。	孝顺岱
	禄普
	廉敬
	成格
	武忠额十一月丙戌迁。凯音布
	保昌四月戊申迁。苏成额热河
	彦德
	特伊顺保
	乐善五月辛巳迁。庆山乌里雅
	富僧德
	宝兴四月戊申迁。保昌吉林将
	奕颢四月戊申迁。宝兴盛京将
	道光十三年癸巳

臣。

署喀什噶尔领队大臣。西郎阿代。

苏办事大臣。常恒代。

办事大臣。

办事大臣。十月，萨迎阿仍任。

巴哈台参赞大臣。

犁参赞大臣。

署察哈尔都统。

都统。九月壬辰病免。贵庆代。十一月丁亥病

苏台将军。

军。

军。

	隆文五月丙戌召。文蔚驻藏办
	舒通阿
	常丰十月壬辰召。法丰阿和阗
	西郎阿
	兴科二月丙辰病免。璧昌乌什
	常恒
	庆林四月丙午迁。多隆武代。七
	额勒锦
	萨迎阿
	长清三月庚午迁。兴德叶尔羌
	常德十一月丙子召。棍楚克策
	布彦泰四月壬子病免。辛酉，苏
	孝顺岱十二月辛丑免。长明科
	禄普
	廉敬迁。十二月乙巳，阔步通武
	成格三月庚午迁。长清乌鲁木
	凯音布二月壬子差。苏勒通阿
免。武忠额代。	武忠额五月乙酉迁。嵩溥热河
	彦德
	特依顺保
	庆山八月癸丑免。武忠额乌里
	富僧德十二月己亥迁。奕经黑
	保昌
	宝兴
	道光十四年甲午

事大臣。	文蔚十二
	舒通阿
办事大臣。	法丰阿
	西郎阿闰
办事大臣。九月丙戌迁。舒凌阿代。	舒凌阿卒。
	常恒
月乙亥，国椿库车办事大臣。	国椿十月
	额勒锦十
	萨迎阿十
参赞大臣	兴德
楞塔尔巴哈台参赞大臣。	棍楚克策
清阿伊犁参赞大臣。	苏清阿正
布多参赞大臣。	长明正月
	禄普十月
库伦办事大臣。	阔步通武
齐都统。	长清十月
暂署。	凯音布
都统。	嵩溥
	彦德
	特依顺保
雅苏台将军。	武忠额闰
龙江将军。	奕经正月
	保昌正月
	宝兴正月
	道光十五

月甲戌迁。庆禄驻藏办事大臣。
六月己卯召。寿昌喀什噶尔领队大臣。
正月乙酉，岳良乌什办事大臣。
己卯召。多欢库车办事大臣。十二月丙子，康
月己卯来京。海亮喀喇沙尔办事大臣。
月己卯召。特当阿哈密办事大臣。
楞
月丙戌迁。奕山伊犁参赞大臣。
丙戌召。富呢扬阿科布多参赞大臣。十月壬
己卯召。常明乌里雅苏台参赞大臣。
己卯召。富呢扬阿乌鲁木齐都统。
六月丁酉迁。保昌乌里雅苏台将军。
丙戌迁。保昌黑龙江将军。二月庚子，奇明保
丙戌迁。苏清阿吉林将军。二月戊午卒。保昌
丙戌迁。奕经盛京将军。
年乙未

福代。

戌迁。毓书代。

暂署。戊午，保昌迁。祥康代。奇明保仍署。闰六

仍任。闰六月丁卯迁。祥康代。十月甲申降。乐

	庆禄
	德楞
	法丰
	寿昌
	岳良
	常恒
	赓福
	海亮
	特当
	兴德
	棍楚
	奕山
	毓书
	常明
	阔步
	富呢
	凯音
	嵩溥
	彦德
	特依
	保昌
月丁卯，祥康迁。哈丰阿代。奇明保仍署。	哈丰
善吉林将军。祥康暂署。	乐善
	奕经
	道光

八月戊午迁。关圣保驻藏办事大臣。

额三月癸卯，西宁办事大臣。

阿

免。十二月壬子，乌珍泰喀什噶尔领队大臣。

阿

克策楞

通武二月丁卯免。福瑛库伦办事大臣。

扬阿九月壬辰迁。康敬乌鲁木齐都统。

布七月庚午迁。乐善察哈尔都统。

顺保

阿

四月甲戌留京。祥康仍署吉林将军。

九月己酉迁。宝兴盛京将军。奕颢署。

十六年丙申

关圣保
德楞额八月丁巳迁。苏勒芳阿西宁办事大
法丰阿
乌珍泰
岳良
常恒十一月庚寅召。璧昌阿克苏办事大臣。
康福
海亮
特当阿十月己巳召。固庆哈密办事大臣。
兴德五月戊寅召。恩特亨额叶尔羌参赞大
棍楚克策楞十月己巳召。关福塔尔巴哈台
奕山
毓书
常明
福瑛
廉敬
乐善七月壬午迁。赛尚阿察哈尔都统。
嵩溥三月甲午迁。耆英热河都统。
彦德十一月乙酉陛见。锡林署绥远城将军。
特依顺保九月甲申召。奕山署伊犁将军。
保昌
哈丰阿
祥康正月丙午，补吉林将军。
奕颢九月回京。宝兴盛京将军。
道光十七年丁酉

	关圣保
臣。	苏勒芳
	法丰阿
	乌珍泰
	岳良十
	璧昌
	庚福十
	海亮七
	固庆十
臣。	恩特亨
参赞大臣。	关福六
	奕山四
	毓书十
	常明十
	福瑛
	廉敬
	赛尚阿
	耆英闰
十二月庚午，彦德迁。棍楚克策楞代。	棍楚克
	特依顺
	保昌
	哈丰阿
	祥康
	宝兴闰
	道光十

阿十月庚寅召。讷尔经额西宁办事大臣。

六月辛未召。兴德和阗办事大臣。七月辛亥,

十月戊戌迁。富兴阿喀什噶尔领队大臣。

月庚寅召。松林乌什办事大臣。龄山代。

月戊戌迁。乌珍泰库车办事大臣。十二月甲

月辛亥革。景和代。十一月庚申,咸龄代。

一月迁。康福哈密办事大臣。

额

月甲申迁。湍多布塔尔巴哈台参赞朋臣。

月庚午迁。湍多布伊犁参赞大臣。六月甲申

一月壬戌议免。固庆科布多参赞大臣。

月庚寅召。盛贵乌里雅苏台参赞大臣。

八月庚寅迁。布彦泰察哈尔都统。

四月己未迁。惠吉热河都统。

策楞

保四月庚午留京。奕山伊犁将军。

十一月丙寅陛见。舒伦保署黑龙江将军。

四月己丑迁。耆英盛京将军。

八年戊戌

	关圣保十月辛卯
	讷尔经额
桂森代。王子免。达明阿代。	达明阿
	富兴阿
	龄山
	璧昌
戌卒。多欢代。	多欢
	咸龄
	赓福十月辛卯召。
	恩特亨额
	湍多布
迁。关福代。	关福
	固庆
	盛贵
	福珙
	廉敬
	布彦泰
	惠吉
	棍楚克策楞九月
	奕山正月戊午忧。
	保昌八月庚午召。
	哈丰阿九月丁未
	祥康
	耆英
	道光十九年己亥

召。孟保驻藏办事大臣。	孟保
	讷尔经额迁。
	达明阿
	富兴阿七月
	龄山三月壬
	璧昌迁。三月
	多欢
	咸龄革。五月
德全哈密办事大臣。	德全
	恩特亨额十
	湍多布七月
	关福卒。七月
	固庆
	盛贵
	福瑛四月丙
	惠吉
	布彦泰三月
	恩铭正月戊
丁未迁。德克金布绥远城将军。	萬溥六月丁
关福署。	奕山三月庚
廉敬乌里雅苏台将军。	廉敬八月癸
迁。棍楚克策楞黑龙江将军。	棍楚克策楞
	祥康四月己
	耆英
	道光二十年

二月丙寅，法丰阿西宁办事大臣。
丁未迁。花山太喀什噶尔领队大臣。
子迁。成凯代。十二月戊辰迁。富兴阿乌什办
壬子，龄山阿克苏办事大臣。十二月丙寅卒。
壬子，常恒喀喇沙尔办事大臣。十一月辛卯
二月癸未迁。图明阿叶尔羌参赞大臣。十二
癸卯迁。花山太塔尔巴哈台参赞大臣。乙亥
癸卯，瑞多布伊犁参赞大臣。十月迁。富兴阿
子召。祥康库伦办事大臣。
庚戌迁。敬敫署察哈尔都统。辛亥，璧昌补十
戊病免。勒精清热河都统。二月迁。讷尔经额
卯休致。色克阿额绥远城将军。十月乙亥休
戊召。布彦泰伊犁将军。关福署。
未迁。德楞额乌里雅苏台将军。
巳议免。经额布吉林将军。禄普署。九月壬寅
庚子

	孟保
	法丰阿
	达明阿
	花山太
事大臣。甲申，瑞元代。	瑞元
法福礼署。辛酉，常恒代。	常恒
	多欢十一月癸丑
迁。联顺代。	联顺
	德全
月辛未迁。联顺代。	图明阿
迁。湍多布仍任。	湍多布
代十二月戊辰迁。璧昌代。	璧昌
	固庆
	盛贵
	祥康
	惠吉
二月戊辰迁。铁麟代。	铁麟
代。六月戊子迁。瑚松额代。	瑚松额八月癸未
致。奕湘代。	色克精额四月甲
	布彦泰
	奕湘
	棍楚克策楞
迁。升阿暂署。甲辰，惟勤署。	经额布
	耆英
	道光二十一年辛

	孟保十一
	法丰阿
	达明阿
	花山太
	瑞元降。十
	辑瑞七月
召。扎拉芬泰库车办事大臣。	扎拉芬泰
	联顺
	德全
	图明阿
	湍多布
	璧昌三月
	固庆十一
	盛贵十一
	祥康六月
	惠吉
	铁麟
病免。桂轮热河都统。	桂轮
辰迁。五月壬午，奕兴绥远城将军。	奕兴
	布彦泰
	奕湘
	棍楚克策
	经额布
	耆英正月
丑	道光二十

海朴	月丁未召。海朴驻藏办事大臣。
法丰	
达明	
花山	
赛什	一月甲子，赛什雅拉泰乌什办事大臣。
辑瑞	庚戌，阿克苏办事大臣。
札拉	
联顺	
德全	
图明	
湍多	
耆昌	丙子迁。丁丑，耆昌伊犁参赞大臣。
果勒	月丁未召。果勒明阿科布多参赞大臣。
乐斌	月丁未召。乐斌乌里雅苏台参赞大臣。
文庆	辛卯病免。文庆库伦办事大臣。
惠吉	
铁麟	
桂轮	
奕兴	
布彦	
奕湘	
棍楚	楞
经额	
禧恩	甲寅迁。禧恩盛京将军。
道光	二年壬寅

三月乙丑召。孟保驻藏办事大臣。十月庚戌

阿闰七月丁巳召。德兴西宁办事大臣。

阿十月庚子解任。奕山和阗办事大臣。

太七月丁卯召。开明阿喀什噶尔领队大臣。

雅拉泰四月己卯迁。惟禄乌什办事大臣。

芬泰八月丙午迁。常清库车办事大臣。

三月丙寅迁。全庆喀喇沙尔办事大臣。

十月甲子召。达洪阿哈密办事大臣。十二月

阿三月丙寅召。联顺叶尔羌参赞大臣。十月

布

十二月乙卯，达洪阿伊犁参赞大臣。

明阿

四月戊寅迁。己卯，钟祥库伦办事大臣。七月

四月甲戌病免。惟勤乌鲁木齐都统。中福署。

三月乙丑迁。琦善热河都统。四月革。萨迎阿

泰

二月丁酉迁。禄普乌里雅苏台将军。奕兴代。

克策楞

布

二十三年癸卯

召。奇善代。	奇善
	德兴
	奕山
	开明阿
	惟禄
	辑瑞
	常清十月
	全庆十月
乙卯迁。丙辰，瑞元哈密办事大臣。	瑞元五月
庚子免。丁未，辑瑞署。戊申，奕经代。	奕经十月
	湍多布
	达洪阿十
	果勒明阿
	乐斌
迁。容照代。	容照
十月丁未，惟勤差。中福仍署。	惟勤
	铁麟正月
热河都统。	萨迎阿
	奕兴
	布彦泰
三月乙丑，桂轮代。	桂轮
	棍楚克策
	经额布
	禧恩
	道光二十

戊申召。扎拉芬泰库车办事大臣。

戊申召。瑞元喀喇沙尔办事大臣。

庚寅迁。钟方代。

戊申迁。麟魁叶尔羌参赞大臣。

月壬戌病免。癸亥，舒兴阿伊犁参赞大臣。

癸巳忧。禄普署察哈尔都统。铁麟寻回。七月

驼

四年甲辰

	琦善
	德兴九月乙丑召。达洪阿
	奕山十一月丙寅迁。舒兴
	开明阿
	惟禄
	辑瑞正月乙酉召。扎拉芬
	札拉芬泰正月乙酉迁。丙
	书元
	钟方
	麟魁十二月甲午病免。赛
	湍多布
	舒兴阿十一月丙午迁。奕
	果勒明阿
	乐斌
	容照召。正月丁亥，麟庆库
	惟勤
庚寅差。阿彦泰署。	铁麟
	萨迎阿十一月辛酉迁。桂
	奕兴
	布彦泰十一月辛酉迁。萨
	桂轮
	根楚克策楞
	经额布
	禧恩九月丙戌病免。奕湘
	道光二十五年乙巳

	琦善十
西宁办事大臣。	达洪阿
阿和阗办事大臣。	舒兴阿
	开明阿
	惟禄十
泰阿克苏办事大臣。	扎拉芬
戌，德全库车办事大臣。	德全
	书元闰
	钟方
什雅拉泰叶尔羌参赞大臣。	赛什雅
	瑞多布
山伊犁参赞大臣。	奕山差。
	果勒明
	乐斌五
伦办事大臣。三月癸未病免。成凯代。	成凯
	惟勤
	铁麟
良热河都统。赓福署。	桂轮
	奕兴
迎阿伊犁将军。	萨迎阿
	桂轮十
	根楚克
	经额布
盛京将军。	奕湘
	道光二

二月丙寅迁。斌良驻藏办事大臣。

十二月甲子病免。哈勒吉那西宁办事大臣。

十一月甲申迁。德勒克呢玛和阗办事大臣。

一月甲申迁。钟翔乌什办事大臣。

泰十一月甲申迁。舒兴阿阿克苏办事大臣。

五月戊戌召。舒精阿喀喇沙尔办事大臣。

拉泰

十二月庚申，毓昌署伊犁参赞大臣。

阿四月庚戌解任。瑞元科布多参赞大臣。

月己卯召。麟魁乌里雅苏台参赞大臣。

一月甲申迁。特依顺乌里雅苏台将军。

策楞

十六年丙午

斌良
哈勒吉那
德勒克呢玛
开明阿十月壬申免。毓书暂署喀什噶尔领
钟翔
舒兴阿
德全
舒精阿
钟方十一月庚辰召。庆昀哈密办事大臣。
赛什雅拉泰卒。八月己酉，奕山叶尔羌参赞
瑞多布正月癸未，成凯塔尔巴哈台参赞大
奕山
瑞元
麟魁八月甲子迁。乙丑，善焘乌里雅苏台参
成凯正月癸未迁。丰伸库伦办事大臣。十月
惟勤
铁麟正月乙酉迁。裕诚察哈尔都统。
桂良
奕兴四月庚午迁。英隆绥远城将军。十一月
萨迎阿
特依顺
棍楚克策楞卒。十一月甲申，英隆黑龙江将
经额布
奕湘八月戊辰迁。奕兴盛京将军。
道光二十七年丁未

	斌良卒。正月
	哈勒吉那
	德勒克呢玛
队大臣。十一月乙巳，锡拉布代。	锡拉布
	钟翔
	舒兴阿
	德全
	舒精阿
	庆昀
大臣。乙丑差。吉明署。	吉明三月庚
臣。	成凯
	奕山三月庚
	瑞元十一月
赞大臣。	善焘
庚戌召。玉明代。	玉明
	惟勤
	裕诚三月癸
	桂良二月己
甲申迁。成玉代。盛勋署。	成玉九月辛
	萨迎阿
	特依顺十月
军。克兴额署。	英隆
	经额布降。十
	奕兴
	道光二十八

己丑,穆腾额驻藏办事大臣。
辰,补叶尔羌参赞大臣。
辰,仍任伊犁参赞大臣。
己卯召。慧成科布多参赞大臣。
卯迁。双德察哈尔都统。
酉迁。惠丰热河都统。
巳召。盛埙署绥远城将军。十一月甲午,托明
庚申假。车林多尔济暂署。
二月乙丑,倭什讷吉林将军。
年戊申

	穆腾额
	哈勒吉那
	德勒克呢玛
	锡拉布十二月戊子休致。
	钟翔
	舒兴阿十二月庚午召。图伽布阿克苏
	德全十二月庚午召。承芳库车办事大
	舒精阿
	庆昀
	吉明闰四月辛巳卒。壬午，德龄叶尔羌
	成凯十二月庚午召。扎拉芬泰塔尔巴
	奕山
	慧成
	善焘
	玉明
	惟勤六月庚寅迁。毓书乌鲁木齐都统。
	双德
阿	惠丰六月己丑迁。毓书热河都统。庚寅
补。	托明阿
	萨迎阿
	特依顺保卒。正月癸未，奕格乌里雅苏
	英隆
	倭什讷
	奕兴
	道光二十九年己酉

穆腾	
哈勒	
德勒	
特克	
钟翔	
图伽	办事大臣。
承芳	臣。
舒精	
庆昀	
德龄	参赞大臣。
扎拉	哈台参赞大臣。
奕山	
慧成	
善焘	
玉明	
毓书	
双德	
惟勤	迁。惟勤代。明训署。十月己丑召。庆福署。
托明	
萨迎	
奕格	台将军。
英隆	
倭什	
奕兴	
道光	

额

吉那七月己酉假。萨炳阿兼署西宁办事大

克呢玛六月丁卯法福礼和阗办事大臣。

兴额正月甲辰，喀什噶尔领队大臣。

卒。四月癸酉，麟魁乌什办事大臣。

布

阿

芬泰

十一月戊戌迁。布彦泰伊犁参赞大臣。

十一月戊辰召。瑞元科布多参赞大臣。

十二月癸亥解。廉福署察哈尔都统。

阿

阿十一月戊戌召。奕山伊犁将军。

讷五月癸丑迁。固庆吉林将军。

三十年庚戌

臣。

清史稿卷二〇八

表第四八

疆臣年表十二 各省将军都统大臣

咸丰元年辛亥	盛京将军	吉林将军	黑龙江将军	乌里雅苏台将军	伊犁将军	绥远城将军	热河都统	察哈尔都统	乌鲁木齐都统	库伦办事大臣	乌里雅苏台参赞大	科布多参赞大臣	伊犁参赞大臣	塔尔巴哈台参赞大	叶尔羌参赞大臣	哈密办事大臣	喀喇沙尔办事大臣	库车办事大臣	阿克苏办事大臣	乌什办事大臣	喀什噶尔领队大臣	和阗办事大臣	西宁办事大臣	驻藏办事大臣

	穆腾额
	哈勒吉那十一月癸亥召。阿彦达西宁办
	法福礼
	麟魁九月壬申迁。春熙乌什办事大臣。
	图伽布
	承芳
	舒精阿
	庆昀
	德龄
臣	扎拉芬泰
	布彦泰
	瑞元
臣	善焘
	玉明十一月癸亥召。纳勒亨额库伦办事
	毓书十一月癸亥召。乐斌署乌鲁木齐都
	赓福二月庚午迁。恒春察哈尔都统。八月
	惟勤二月庚午病免。赓福热河都统。
	托明阿
	奕山
	奕格
	英隆
	固庆
	栾兴

	穆腾额
事大臣。十二月辛卯留京。吴必淳代。	吴必淳
	法福礼
	特克兴
	春熙
	图伽布
	承芳十
	舒精阿
	庆昀十
	德龄
	扎拉芬
	布彦泰
	瑞元
	善焘十
大臣。	讷勒亨
统。	乐斌
戊辰迁。西凌阿代。	西凌阿
	廉福
	托明阿
	奕山
	奕格四
	英隆
	固庆
	奕兴
	咸丰二

六月壬寅召。海枚驻藏办事大臣。

额

十二月己丑召。倭什浑布阿克苏办事大臣。
二月己丑召。赫特贺库车办事大臣。
召。十二月己亥，文蔚喀喇沙尔办事大臣。戊
二月己丑召。钟芳哈密办事大臣。丁酉休致。

泰六月丙午迁。丰伸塔尔巴哈台参赞大臣。

二月己丑召。哈勒吉那乌里雅苏台参赞大
额

月癸卯觐。车林多尔济乌里雅苏台将军。六

年壬子

戊迁。文俊代。

文蔚代。

臣。

月丙午留京。扎拉芬泰补。七月辛亥，善焘署。

海枚三月丁卯调。文蔚驻藏办事大臣。五月

吴必淳

法福礼九月己未迁。麟翔和阗办事大臣。

特克兴额九月丁卯免。常清喀什噶尔办事

春熙

倭什浑布

赫特贺五月戊午迁。常清库车办事大臣。九

文俊正月壬申迁。玉通喀喇沙尔办事大臣。

文蔚三月丁卯迁。崇恩代。壬申迁。明谊代。

德龄正月壬戌议处。丁卯降。丰伸叶尔羌参

丰伸正月丁卯迁。色克通额塔尔巴哈台参

布彦泰九月己未召。图伽布伊犁参赞大臣。

瑞元正月癸卯调。景亮科布多参赞大臣。七

哈勒吉那

讷勒亨额

乐斌二月丁酉迁。康福乌鲁木齐都统。

西凌阿三月差。花山太署察哈尔都统。

康福二月丁酉迁。花山太热河都统。三月癸

托明阿二月丁酉迁。乐斌绥远城将军。三月

奕山

扎拉芬泰

英隆

固庆正月辛未免。景淳吉林将军。

奕兴九月辛酉假。书元署。

咸丰三年癸丑

戊午迁。赫特贺代。	赫特
	吴必
	麟翔
大臣。	常清
	春熙
	倭什
月丁卯迁。乌尔精阿代。	乌尔
	玉通
	明谊
赞大臣。	丰伸
赞大臣。	色克
	图伽
月壬子，特克慎代。	特克
	哈勒
	讷勒
	赓福
	花山
丑迁。毓书热河都统。	毓书
丙辰盛埙署。八月己卯，乐斌迁。善禄代。	善禄
	奕山
	扎拉
	英隆
	景淳
	奕兴
	咸丰

贺

淳九月戊寅免。东纯西宁办事大臣。易棠署。

正月癸丑迁。扎拉芬泰喀什噶尔办事大臣。

二月癸未迁。保恒乌什办事大臣。

浑布闰七月戊寅迁。谦亨阿克苏办事大臣。

精阿

十月己未迁。色克通　哈密办事大臣。

正月癸丑解，常清叶尔羌参赞大臣。

通额二月庚辰，保恒塔尔巴哈台参赞大

布

傎

吉那

亨额十月己未，明谊库伦办事大臣。

太十一月戊午迁。穆隆阿署察哈尔都统。

十一月戊子卒。花山太绥远城将军。

十月戊午召。扎拉芬泰伊犁将军。

芬泰十月戊午迁。奕兴乌里雅苏台将军。

二月癸巳迁。奕格黑龙江将军。

二月戊寅免。癸巳，英隆盛京将军。承志署。

四年甲寅

十月癸丑，萨勒杭阿署。

七月乙未迁。舒兴阿代。闰七月戊寅，倭什浑

臣。英俊署。癸未，保恒迁。春熙代。八月己亥假。

布代。

英秀署。癸亥，春熙卒。舒兴阿代。十月戊午近。

	赫特贺
	东纯
	麟翔十一月丙戌迁。庆英和阗办事
	倭什浑布十月丙申迁。谦亨喀什噶
	保恒
	谦亨十月丙申迁。海朴阿克苏办事
	乌尔精阿
	玉通
	色克通阿二月壬戌忧免。存诚哈密
	常清
英秀代。	英秀九月壬戌召。明谊塔尔巴哈台
	图伽布十一月丙戌召。谦亨伊犁参
	特克慎十一月丙戌召。麟翔科布多
	哈勒吉那
	明谊九月壬戌迁。色克通阿库伦办
	赓福八月甲午病免。恒毓乌鲁木齐
	穆隆阿
	毓书五月丙子免。柏葰热河都统。十
	花山太二月乙卯病免。庆如绥远城
	扎拉芬泰
	奕兴九月乙丑病免。奕湘乌里雅苏
	奕格十二月丁未病免。奕山黑龙江
	景淳
	英隆十二月己巳迁。奕湘盛京将军。
	咸丰五年乙卯

	赫
	东
大臣。	庆
尔办事大臣。十一月丙戌迁。文元代。	文
	保
大臣。	海
	乌
	玉
办事大臣。	存
	常
参赞大臣。	明
赞大臣。	谦
参赞大臣。	麟
	哈
事大臣。	色
都统。十月丙申召。倭什浑布代。	倭
	穆
二月乙巳迁。英隆热河都统。	英
将军。十二月乙巳，成凯代。丙午，德升署。	成
	扎
台将军。哈勒吉那署。十二月乙巳，庆如代。	庆
将军。	奕
	景
	奕
	咸

特贺
纯九月壬午迁。图伽布西宁办事大臣。
英十月壬子迁。塔成和阗办事大臣。
元十二月乙巳病免。裕瑞喀什噶尔办事大
恒
朴
尔精阿十月壬子召。固庆库车办事大臣。十
通六月己丑迁。裕瑞喀喇沙尔办事大臣。十
诚
清十月壬子迁。庆英叶尔羌参赞大臣。
谊
亨十二月甲辰病免。法福礼伊犁参赞大臣。
翔
勤吉那六月己丑免。玉通乌里雅苏台参赞
克通阿
什浑布
隆阿
隆
凯
拉芬泰十月壬子召。常清伊犁将军。
如
山
淳
湘正月丙子，承志署盛京将军，三月己未病
丰六年丙辰

	咸丰七年丁巳
免。庆祺代。	庆祺二月辛卯假。
	景淳
	奕山
	庆如
	常清四月癸卯迁。扎
	成凯
	英隆
	西凌阿三月仍回任。
	倭什浑布
	色克通阿
大臣。	玉通
	麟翔
	法福礼
	明谊
	庆英
	存诚
二月乙巳迁。奎栋代。	奎栋
二月乙亥迁。特克慎代。	特克慎
	海朴
	保恒
臣。	裕瑞
	塔成
	图伽布
	赫特贺闰五月乙未

咸丰八年戊午	
庆祺六月己酉召。	承志署。六月，庆祺回任。
景淳	
奕山	
庆如	
扎拉芬泰	拉芬泰伊犁将军。
成凯	
英隆五月乙亥迁。	
西凌阿三月乙酉	
倭什浑布十月辛	
色克通阿	
玉通	
麟翔十月辛酉召。	
法福礼	
明谊	
庆英十月辛酉召。	
存诚九月辛巳迁。	
奎栋十一月丙戌	
特克慎	
海朴	
保恒	
裕瑞十月辛亥迁。	
塔成	
图伽布十月迁。福	
满庆	病免。满庆驻藏办事大臣。

	满庆十
济西宁办事大臣。	福济
	塔成十
固庆喀什噶尔办事大臣。	固庆七
	保恒四
	海朴三
	特克慎
病免。兴泰喀喇沙尔办事大臣。	兴泰
多慧哈密办事大臣。	多慧
裕瑞叶尔羌参赞大臣。	裕瑞十
	明谊十
	法福礼
达缀科布多参赞大臣。	达缀卒。
	玉通九
	色克通
西召。图伽布乌鲁木齐都统。庆英署。	图伽布
差。庆昀署察哈尔都统。	庆昀
常清热河都统。	常清
	成凯
	扎拉芬
	庆如十
	奕山五
	景淳正
玉明署盛京将军。	玉明
	咸丰九

月壬戌召。崇实驻藏办事大臣。

月壬戌召。约逊和阗办事大臣。

月壬申病免。奎英喀什噶尔办事大臣。

月己亥病免。德通乌什办事大臣。文艺署。文

月甲午病免。绵性阿克苏办事大臣。

二月壬寅迁。英蕴叶尔羌参赞大臣。

月壬戌迁。明玉塔尔巴哈台参赞大臣。

十月壬戌召。景廉伊犁参赞大臣

九月壬辰，玉通科布多参赞大臣。

月壬辰迁。平瑞乌里雅苏台参赞大臣。

阿

泰

月壬戌召。明谊乌里雅苏台将军。

月乙酉革留。八月庚子召。特普钦署黑龙江

月丙子召。特普钦署吉林将军。景淳灵回任。

年己未

	崇实
	福济迁。六月丙子，文俊西宁办事大臣。
	约逊正月丙子病免。常亮和阗办事大
	奎英
兴代。	德通
	绵性
	特克慎十一月甲午召。景纹库车办事
	兴泰九月乙卯迁。依奇里喀喇沙尔办
	多慧九月乙卯迁。穆格哈密办事大臣。
	英蕴
	明玉
	景廉
	玉通十一月甲午召。锡霖科布多参赞
	平瑞
	色克通阿十月乙酉免。十一月甲午，景
	图伽布二月己未迁。常清乌鲁木齐都
	庆昀
	常清二月己未迁。春佑热河都统。
	成凯八月己卯入卫。德勒克多尔济
	扎拉芬泰卒。七月己酉，常清伊犁将军。
	明谊六月，平瑞署乌里雅苏台将军。明
将军。	特普钦
	景淳
	玉明八月己卯入卫。倭仁署盛京将军。
	咸丰十年庚申

九月乙卯留京。多慧代。

臣。

大臣。

事大臣。

大臣。

纹库伦办事大臣。

统。闰三月癸酉，图伽布卒。法福礼署。业普冲

署绥远城将军。成凯寻回任。

谊寻回任。

明

玉明十月回任。

崇实十月丁	
多慧	
常亮	
奎英	
德通	
绵性六月甲	
景纹七月庚	
依奇哩	
穆辂十一月	
英蕴	
明玉	
景廉	
锡霖十一月	
平瑞十一月	
色克通阿	
法福礼十一	额暂署。七月己酉迁。法福礼代。
庆昀	
春佑	
成凯四月卒。	
常清	
明谊	
特普钦	
景淳改名景	
玉明	
咸丰十一年	

驻藏	丑迁。景纹驻藏办事大臣。
西宁	
和阗	
喀什	
乌什	
阿克	戊解任。奎栋阿克苏办事大臣。
库车	戊迁。萨凌阿七月辛亥，库车办事大臣。
喀喇	
哈密	丁亥召。兴泰哈密办事大臣。
叶尔	
塔尔	
伊犁	
科布	丁亥召。广凤科布多参赞大臣。
乌里	丁亥迁。麟兴乌里雅苏台参赞大臣。
库伦	
乌鲁	月丙戌召。平瑞乌鲁木齐都统。
察哈	
热河	
绥远	德勒克多尔济绥远城将军。
伊犁	
乌里	
黑龙	
吉林	纶。
盛京	
同治	辛酉

办事大臣	景纹
办事大臣	多慧二月壬申革。癸亥，毓
办事大臣	常亮七月戊戌免。奎章和
喀尔办事大臣	奎英
办事大臣	文兴七月酉降。奕庆乌什
苏办事大臣	奎栋四月壬申迁。崇恩阿
办事大臣	萨凌阿
沙尔办事大臣	依奇哩
办事大臣	兴泰十月丁未召。文祥哈
羌参赞大臣	英蕴四月壬申免。景廉叶
巴哈台参赞大臣	明玉四月壬申迁。奎栋塔
参赞大臣	景廉四月壬申迁。明绪伊
多参赞大臣	广凤
雅苏台参赞大臣	麟兴
办事大臣	色克通阿免。四月癸丑，特
木齐都统	平瑞
尔都统	庆昀
都统	春佑十月甲午迁。瑞麟热
城将军	德勒克多尔济
将军	常清
雅苏台将军	明谊四月乙亥差。麟兴署
江将军	特普钦
将军	景纶
将军	玉明
元年壬戌	

景	
玉	科西宁办事大臣。七月乙巳病免。玉通代。
庆	阗办事大臣，未任。庆英署。
奎	
奕	办事大臣，未任。文兴仍任。
福	克苏办事大臣。福珠哩署。
萨	
依	
文	密办事大臣。
奎	尔羌参赞大臣，未任。奎栋仍署。
锡	尔巴哈台参赞大臣。十月丁未召。锡霖代。
明	犁参赞大臣。
广	
麟	
特	克慎库伦办事大臣。
平	
庆	
瑞	河都统。
德	
常	
明	乌里雅苏台将军。明谊寻回任。
特	
景	
玉	
同	

纹
通
英
英二月丙申严议。壬子，常明喀什噶尔办事
庆六月丙申免。庆明乌什办事大臣，未任。文
珠哩
凌阿
奇哩
祥
栋
霖
绪
凤
兴
克慎八月丙子免。文盛库伦办事大臣。
瑞
昀二月癸巳迁。阿克敦布察哈尔都统。
麟五月壬戌迁。麟庆热河都统。
勒克多尔济
清
谊
普钦
纶
明
治二年癸亥

	景纹
	玉通
	庆英六月殉。
大臣，未任。	奎英九月殉。
兴仍任。	文兴六月殉。
	福珠哩六月殉。
	萨凌阿五月殉。
	依奇哩六月殉。戊寅，文永库车办
	文祥六月戊寅迁。保恒哈密办事
	奎栋十月殉。景廉癸巳革。武隆额
	锡霖
	明绪十月辛未迁。联捷伊犁参赞
	广凤
	麟兴
	文盛
	平瑞九月辛丑殉。十月戊寅，保恒
	阿克敦布
	麒庆
	德勒克多尔济
	常清十月辛未革。明绪伊犁将军。
	明谊
	特普钦
	景纶十二月壬申革。十二月己丑，
	玉明
	同治三年甲子

	景纹
	玉通
事大臣。	
大臣。	札克通阿 二月己卯，哈密
叶尔羌参赞大臣。	武隆额 六月壬寅迁。额耆
	锡霖 正月殉。六月壬寅，武
大臣。	联捷 十月戊申迁。荣全伊
	广凤
	麟兴
	文盛
署乌鲁木齐都统。	保恒 二月卒。
	阿克敦布
	麟庆
	德勒克多尔济
	明绪
	明谊
	特普钦
皂保署。	皂保 闰五月己丑免。恩合
	玉明 七月己丑免。恩合署
	同治四年乙丑

办事大臣。

额叶尔羌参赞大臣，未任。

隆额署塔尔巴哈台参赞大臣。

犁参赞大臣。

吉林将军。七月己丑调。皂保仍署。九月丁丑，

盛京将军。十二月乙卯革。都兴阿代。

	景纹
	玉通
	文麟哈密办事大臣。八月丙辰，丁忧
	武隆额二月殉。五月甲戌，德兴阿塔
	荣全
	广凤五月甲戌病免。奎昌署科布多
	麟兴
	文盛
	阿克敦布迁。五月甲戌，福兴察哈尔
	麟庆
	德勒克多尔济六月己酉迁。福兴绥
	明绪正月壬午殉。五月荣全署伊犁
	明谊正月戊申病免。己酉，德勒克多
	特普钦
德英代。	德英忧二月壬子，富明阿吉林将军。
	都兴阿
	同治五年丙寅

改署。

尔巴哈台参赞大臣。李云麟署。

参赞大臣。

都统。六月己酉，色尔固善代。廉至署。九月戊

远城将军。

将军。乙亥，李云麟代办。

尔济乌里雅苏台将军。麟兴署。

	景纹
	玉通
	文麟
	李云麟十一月迁。
	荣全
	奎昌
	麟兴四月乙巳迁。荣
	文盛十月迁。张廷岳
寅，色尔固善忧。裕瑞署。	色尔固善卒。十月，文
	麒庆
	福兴二月假。桂成署。
	荣全
	麟兴
	特普钦十月甲午病
	富明阿
	都兴阿
	同治六年丁卯十一

全乌里雅苏台参赞大臣。

库伦办事大臣。

盛察哈尔都统。杜嘎尔兼署。

四月庚子，福兴病免。裕瑞绥远城将军。桂成

免。德英署黑龙江将军。

月，设布伦托海办事大臣。初任李云麟，八年

	景纹
	王通
	奎昌
	荣全
	张廷岳
	文盛
	麟庆十二月戊辰免。庆春热河都统。魁
仍署。	裕瑞卒。正月丁卯，定安绥远城将军。
	荣全
	麟兴
	德英
	富明阿
	都兴阿召。奕榕署盛京将军。十月勘边。
裁。	同治七年戊辰

	恩麟
	玉通
	奎昌
	荣全
	张廷岳
	文盛
联署。	庆春九月乙酉
	定安
	荣全
	麟兴四月乙巳
	德英
	富明阿
额勒和布暂署。都兴阿回任。	都兴阿
	同治八年己巳

	恩麟
	王通卒。正月己丑，
	奎昌九月辛卯召。
	荣全
	张廷岳
	文盛
迁。库克吉泰热河都统。	库克吉泰
	定安
	荣全
革。福济乌里雅苏台将军。	福济
	德英
	富明阿九月乙酉
	都兴阿
	同治九年庚午

	恩麟
豫师西宁办事大臣。	豫师
	富和十一月癸
奕启科布多参赞大臣。	奕启病免。九月
	荣全十一月辛
	张廷岳
	景廉癸酉，乌鲁
	文盛五月癸丑
	库克吉泰
	定安
	荣全
	福济四月壬戌
	德英五月壬戌
病免。奕榕吉林将军。毓福署。	奕榕
	都兴阿
	同治十年辛未

	恩麟
	豫师
卯，塔尔巴哈台参赞大臣。	富和
庚寅，长顺多参赞大臣。	长顺
丑，志科布刚署乌里雅苏台参赞大臣。	志刚
	张廷
木齐都统。	景廉
病免。额勒和布察哈尔都统。	额勒
	库克
	定安
	荣全
革。金顺乌里雅苏台将军。	金顺
忧。托克湍署黑龙江将军。德英寻回任。	德英
	奕榕
	都兴
	同治

八月癸申迁。托伦布署科布多参赞大臣。

岳

和布

吉泰

未任。奎昌署。八月癸酉，金顺免。长顺署乌里

阿

十一年壬申

	恩麟七月壬戌议处。癸亥，承继
	豫师
	富和三月庚子差。英廉塔尔巴
	托伦布
	志刚五月病免。文奎乌里雅苏
	张廷岳
	景廉
	额勒和布十二月辛卯差。庆春
	库克吉泰卒。四月己巳，瑞联热
	定安
	荣全
雅苏台将军。	长顺
	德英
	奕榕
	都兴阿
	同治十二年癸酉

驻藏办事大臣。	承
	豫
哈台参赞大臣。	英
	托
台参赞大臣。十二月丁亥严议。杜嘎尔署。	杜
	张
	景
署察哈尔都统。奎昌暂署。	额
河都统。	瑞
	定
	荣
	长
	德
	奕
	都
	同

继卒。九月癸卯，松溎驻藏办事大臣。

师

廉

伦布

嘎尔

廷岳十二月甲戌卒。志刚库伦办事大臣。

廉

勒和布四月壬辰迁。庆春察哈尔都统。

联

安七月乙丑病免。善庆绥远城将军。

全

顺四月壬辰革。额勒和布乌里雅苏台将军。

英卒。正月癸酉，丰绅黑龙江将军。依克唐阿

榕

兴阿

治十三年甲戌

	驻藏办事大臣	松溎
	西宁办事大臣	豫师
	和阗办事大臣	
	喀什噶尔办事大臣	
	乌什办事大臣	
	阿克苏办事大臣	
	库车办事大臣	
	喀喇沙尔办事大臣	
	哈密办事大臣	文麟
	叶尔羌参赞大臣	
	塔尔巴哈台参赞大臣	英廉
	伊犁参赞大臣	
	科布多参赞大臣	托伦布
	乌里雅苏台参赞大臣	杜嘎尔
	库伦办事大臣	志刚
	乌鲁木齐都统	景廉三月丙寅迁。
	察哈尔都统	庆春
	热河都统	瑞联
	绥远城将军	善庆
	伊犁将军	荣全
	乌里雅苏台将军	额勒和布
署。	黑龙江将军	丰绅
	吉林将军	奕榕六月革。穆图
	盛京将军	都兴阿正月入觐。
	光绪元年乙亥	

金顺乌鲁木齐都统。

善署吉林将军。

志和署盛京将军。二月庚午，都兴阿卒。己卯，

	松溎
	豫师
	文麟卒。闰五月乙亥，明春哈密办事
	英廉
	托伦布闰五月乙丑病免。保英科布
	杜嘎尔
	志刚
	金顺十月乙卯迁。英翰乌鲁木齐都
	庆春十月甲寅迁。瑞联察哈尔都统。
	瑞联十月甲寅迁。延煦热河都统。
	善庆十月甲寅迁。庆春绥远城将军。
	荣全十月乙卯召。金顺伊犁将军。
	额勒和布
	丰绅
	穆图善四月庚辰革。古尼音布署吉
崇实署。	崇实十月庚辰卒。崇厚署盛京将军。
	光绪二年丙子

	光绪三年丁丑
岐元兼署。	崇厚
林将军。	古尼音布四月甲辰免。铭安署
	丰绅
	额勒和布七月乙丑病免。恒训
	金顺
	庆春四月壬辰迁。瑞联绥远城
	延煦
	瑞联四月壬辰迁。春福察哈尔
统。	英翰
	志刚
	杜嘎尔
多参赞大臣。	保英
	英廉十月己酉召。锡纶塔尔巴
大臣。	明春
	豫师
	松溎

光绪	
崇厚	
铭安	吉林将军。
丰绅	
春福	乌里雅苏台将军。八月庚寅迁。春福代。
金顺	
瑞联	将军。
延煦	
穆图	都统。八月迁。穆图善代。
英翰	
志刚	
杜嘎	
保英	
锡纶	哈台参赞大臣。
明春	
豫师	
松淮	

正月壬戌迁。三月辛亥，福裕署西宁办事大

七月甲寅病免。清安科布多参赞大臣。

尔

三月己未病免。英奎库伦办事大臣。

卒。正月壬戌，豫师署乌鲁木齐都统。金运昌

善

十月戊戌差。崇绮暂署吉林将军。铭安寻回。

五月辛未召。岐元兼署盛京将军。

四年戊寅

	松淮十一
臣。十月丙申，喜昌代。	喜昌
	明春
	锡纶
	清安
	杜嘎尔
	英奎卒。四
暂护。十月乙未，豫师病免。恭镗署。	恭镗
	穆图善六
	延煦五月
	瑞联十一
	金顺
	春福十一
	丰绅十月
	铭安
	岐元
	光绪五年

月庚午召。色楞额驻藏办事大臣。

月乙卯，文格库伦办事大臣。五月庚申免。辛

月己未迁。景丰察哈尔都统。十月戊午迁。祥

壬辰病免。癸巳崇绮热河都统。

月丁亥迁。丰绅绥远城将军。

月庚午召。吉和乌里雅苏台将军。

丁亥迁。希元黑龙江将军，未任。丰绅未卸。

己卯

	色楞额
	喜昌六月丁未迁。福锟署西宁办
	明春
	锡纶
	清安
	杜嘎尔六月丙午迁。喜昌乌里雅
西，奕榕代。	奕榕
	恭镗
亨代。	祥亨
	崇绮
	丰绅
	金顺
	吉和六月丙午留京。杜嘎尔乌里
	希元二月癸亥召。定安黑龙江将
	铭安
	岐元
	光绪六年庚辰

色楞额	
福锟	事大臣。
明春	
锡纶	
升泰五	
清安	
桂祥	苏台参赞大臣。七月甲午差。桂祥署。
奕榕四	
恭镗	
祥亨八	
崇绮七	
丰绅	
金顺	
杜嘎尔	雅苏台将军。
定安十	军。
铭安	
岐元六	
光绪七	

月丙子，伊犁参赞大臣。

月己亥召。喜昌库伦办事大臣。

月戊辰迁。谦禧察哈尔都统。

月戊辰迁。额勒和布热河都统。

二月丙寅病免。文绪署黑龙江将军。

月辛卯入觐。恩福暂署。七月戊辰迁。崇绮盛

年辛巳

	色楞额
	福锟正月辛亥迁。李慎西宁办事大
	明春
	锡纶
	升泰
	清安
	桂祥
	喜昌
	恭镗
	谦禧十一月乙酉召。吉和察哈尔都
	额勒和布
	丰绅
	金顺
	杜嘎尔
	文绪
	铭安
京将军。	崇绮
	光绪八年壬午

	色楞额
臣。	李慎
	明春
	锡纶
	升泰
	清安
	桂祥二月庚辰迁。恒明乌里雅苏台参赞
	喜昌二月己卯病免。庚辰，桂祥库伦办事
	恭镗十一月乙未迁。长顺乌鲁木齐都统。
统。	吉和十月乙亥忧。永德暂署察哈尔都统。
	额勒和布二月甲寅迁。恩福热河都统。九
	丰绅
	金顺
	杜嘎尔
	文绪
	铭安二月甲戌病免。希元吉林将军。王亮
	崇绮十二月戊辰病免。庆裕盛京将军。
	光绪九年癸未

	色楞额
	李慎
	明春
	锡纶
	清安 八月癸巳
大臣。	恒明
大臣。	桂祥
	长顺 二月己酉
十二月丁巳，吉和迁。绍祺代。	绍祺
月卒。丁未，继格代。富华暂护。	继格 四月戊午
	丰绅 闰五月丁
	金顺
	杜嘎尔
	文绪
署。	希元
	庆裕
	光绪十年甲申

，沙克都林扎布科布多参赞大臣。

假。升泰署乌鲁木齐都统。八月己卯，长顺迁。

迁。谦禧热河都统。

卯迁。克蒙额绥远城将军。

十月壬申，裁乌鲁木齐都统，伊犁参赞大臣，升泰仍署。

哈密、喀喇沙尔、库车、阿克苏、乌什、叶尔羌、和

色楞额 十一月丙辰迁。文

李慎

锡纶 八月庚午迁。明春署

沙克都林札布

恒明 十一月甲辰召。祥麟

桂祥 十一月丙辰革。色楞

绍祺

谦禧

克蒙额

金顺 八月庚午召。锡纶署

杜嘎尔

文绪

希元

庆裕

阗等处办事大臣。光绪十一年乙酉

颀驻藏办事大臣。	文颀
	李慎十月辛巳忧。福
塔尔巴哈台参赞大臣。	明春三月癸丑病免。
	沙克都林扎布
乌里雅苏台参赞大臣。	祥麟
额库伦办事大臣。	色楞额八月辛酉迁。
	绍祺三月戊寅迁。己
	谦禧
	克蒙额
伊犁将军。	锡纶八月辛酉色，楞
	杜嘎尔
	文绪五月丙午病免。
	希元
	庆裕
	光绪十二年丙戌

	文硕
裕署西宁办事大臣。	
春满塔尔巴哈台参赞大臣。	春满九
	沙克都
	祥麟
安德库伦办事大臣。	安德
卯托伦布察哈尔统都。	托伦布
	谦禧
	克蒙额
额伊犁将军。	色楞额
	杜嘎尔
恭镗黑龙江将军。七月壬寅，禄彭护。	恭镗
	希元
	庆裕
	光绪十

	文
	李
月免。额尔庆额署塔尔巴哈台参赞大臣。	额
林扎布	沙
	祥
	安
	托
	谦
	克
	色
	杜
	恭
	希
	庆
三年丁亥	光

硕	正月癸酉召。长庚驻藏办事大臣
侦	正月丁卯病免。戊辰萨凌阿西宁办事大
尔	庆额
克	都林扎布
麟	
德	
伦	布
楷	
蒙	额
楞	额
嘎	尔
镫	
元	四月己酉迁。长顺吉林将军
裕	
绪	十四年戊子

	光绪十五年己丑
	庆裕七月壬子病免。甲寅，裕禄盛京将军。
	长顺
	恭镗正月迁。依克唐阿黑龙江将军。
	杜嘎尔卒。四月戊寅，托克湍乌里雅苏台
	色楞额
	克蒙额
	谦禧
	托伦布十一月辛酉免。甲子，奎斌察哈尔
	安德
	祥麟
	沙克都林扎布十二月甲戌迁。双寿科布
	额尔庆额
臣。	萨凌阿
	长庚

	长庚五月乙亥迁。升泰驻
	萨凌阿
	额尔庆额
多参赞大臣，未任。	双寿
	祥麟二月丁酉迁。戊戌，崇
	安德
都统。	奎斌
	谦禧卒。五月丙戌，德福热
	克蒙额
	色楞额卒。五月乙亥，长庚
将军。	托克湍
	依克唐阿
	长顺
	裕禄
	光绪十六年庚寅

藏办事大臣。	升泰
	萨凌阿二月甲申
	额尔庆额
	双寿卒。二月癸未，
欢乌里雅苏台参赞大臣。	崇欢
	安德
	奎斌十一月丁丑
河都统。恩良暂署。	德福十一月丁丑
	克蒙额
伊犁将军。富勒铭额暂护。	长庚
	托克湍六月辛酉
	依克唐阿
	长顺
	裕禄
	光绪十七年辛卯

忧。奎顺暂署西宁办事大臣。	升泰卒。 萨凌阿
	额尔庆
魁福科布多参赞大臣。	沙克都
	崇欢
	安德
迁。德铭察哈尔都统。	德铭
免。奎斌热河都统。廷雍暂护。	奎斌
	克蒙额
	长庚
革。永德乌里雅苏台将军。崇欢暂署。	永德
	依克唐
	长顺
	裕禄
	光绪十

奎焕	九月甲辰，奎焕驻藏办事大臣。
奎顺	九月乙未病免。奎顺西宁办事大臣。
额尔庆	额
沙克都	林扎布
崇欢	
安德	
德铭	
奎斌卒。	
克蒙额	
长庚	
永德	
依克唐	阿
长顺	
裕禄	
光绪十	八年壬辰

额卒。四月癸酉，富勒铭额塔尔巴哈台参赞

林扎布

六月丙辰，廷雍署热河都统。

阿

九年癸巳

	光绪二十年甲午
	裕禄
	长顺九月癸卯出师奉天。恩泽署吉林将
	依克唐阿七月出师。增祺署黑龙江将
	永德七月丙申召。崇欢暂署乌里雅苏
	长庚
	克蒙额十二月甲寅降。永德绥远城将
	庆裕八月癸亥迁。崇礼热河都统。
	德铭
	安德
	崇欢十一月庚辰迁。志锐乌里雅苏台
大臣。	富勒铭额
	奎顺
	奎焕

参赞大臣。

军。

台将军。十一月庚辰，永德留京。崇欢补。
军。十月壬戌，依克唐阿革。乙丑，恩泽补。增祺
将军。

	光绪二十一年乙未
	裕禄八月癸巳迁。依克唐阿盛京将军。
	恩泽十月卸。长顺任。
仍署。	增祺十月卸。恩泽黑龙江将军。
	崇欢
	长庚
	永德
	崇礼八月丁亥病免。癸巳，寿荫热河都
	德铭
	安德七月丁未免。桂斌库伦办事大臣。
	志锐
	富勒铭额
	奎顺
	奎焕

	奎焕二月壬申免。乙亥，文海驻藏办事大
	奎顺
	富勒铭额
	魁福七月己亥病免。连顺科布多参赞大
	志锐
	桂斌九月癸卯召。连顺库伦办事大臣。
	德铭十一月丁巳病免。己未，祥麟察哈尔
统。	寿荫
	永德
	长庚
	崇欢
	恩泽
	长顺四月庚午病免。壬申，延茂署吉林将
	依克唐阿
	光绪二十二年丙申

臣。	文海
	奎顺三月甲辰忧。联
	富勒铭额十月癸酉
臣。九月癸卯迁。宝昌代。	宝昌
	志锐
	连顺
都统。	祥麟
	寿荫
	永德
	长庚
	崇欢十一月丙申病
	恩泽
军。	延茂
	依克唐阿
	光绪二十三年丁酉

	文海
魁署西宁办事大臣。	奎顺十月
病免。春满塔尔巴哈台参赞大臣。	春满
	宝昌
	志锐
	连顺九月
	祥麟
	寿荫七月
	永德
	长庚
免。戊戌，贵恒乌里雅苏台将军。	贵恒九月
	恩泽
	延茂
	依克唐阿
	光绪二十

文海	
阔普通武	戊申召。阔普通武西宁办事大臣。
春满	
宝昌九月	
志锐八月	
兴廉四月	癸亥迁。兴廉库伦办事大臣。
祥麟	
色楞额	丙寅迁。色楞额热河都统。
永德	
长庚	
连顺	辛酉病免。连顺乌里雅苏台将军。
恩泽十二	
延茂六月	
依克唐阿	
光绪二十	四年戊戌

庚戌免。崇勋科布多参赞大臣。乙卯，留。瑞洵

癸卯迁。奎焕乌里雅苏台参赞大臣。

丁酉病免。戊戌，丰升阿库伦办事大臣。

月癸巳卒。丁酉，寿山署黑龙江将军。

癸卯免。长顺吉林将军。

正月戊寅卒。文兴兼盛京将军。三月壬申，增

五年己亥

	文海二月乙酉卒。正月乙卯，庆善驻藏
	阔普通武
	春满
代。	瑞洵
	奎焕
	丰升阿
	祥麟六月甲戌召。芬车察哈尔都统。七
	色楞额
	永德
	长庚
	连顺
	寿山八月壬寅殉。闰八月乙巳，绰布哈
	长顺
祺代	增祺
	光绪二十六年庚子

办事大臣。九月辛巳，裕钢代。	裕钢
	阔普通
	春满
	瑞洵
	奎焕
	丰升阿
月乙丑，随扈。奎顺代。	奎顺
	色楞额
	永德正
	长庚七
	连顺
黑龙江将军，未任。十月丁卯，萨保署。	萨保
	长顺
	增祺
	光绪二

武

月自裁。崇善绥远城将军。奎成署。二月甲辰，

月丙子召。马亮伊犁将军。

十七年辛丑

	裕钢召。十一月己未，有泰驻
	阔普通武
	春满
	瑞洵
	奎焕
	丰升阿
	奎顺
	色楞额四月庚戌召。锡良热
崇善迁。信恪代。	信恪三月丙戌迁。钟泰绥远
	马亮
	连顺
	萨保
	长顺
	增祺
	光绪二十八年壬寅

藏办事大臣。

河都统。七月辛未，松寿署。十二月，锡良回任。
城将军。十一月卒。恒寿代。文瑞署。

光绪二十九年癸卯
增祺
长顺
萨保
连顺
马亮
恒寿八月卒。壬戌，贻谷代。
锡良三月癸亥迁。甲子，松寿热河都统。
奎顺
丰升阿八月壬戌迁。德麟库伦办事大臣。
奎焕
瑞洵
春满
阔普通武四月丁未休致。庚戌，准良西宁办
有泰

	光绪三十年甲辰四月，改科布多帮
	增祺
	长顺卒。正月癸巳，富顺暂署吉林将
	萨保四月戊辰卸。达桂署黑龙江将
	连顺十二月己酉召。奎顺乌里雅苏
	马亮
	贻谷
	松寿
	奎顺十二月己酉迁。升允察哈尔都
	德麟八月己巳免。庚午，朴寿库伦办
	奎焕
	瑞洵免。寿勋科布多参赞大臣。锡恒
	春满十月戊午，安成塔尔巴哈台
事大臣。	准良八月壬戌召。延祉西宁办事大
	有泰

	有泰
臣，未任。	准良五月癸
参赞大臣。	安成
四月科布多办事大臣。	寿勋三月乙
	奎焕
事大臣。	朴寿六月辛
统。	升允正月甲
	松寿十一月
	贻谷
	马亮六月庚
台将军。	奎顺六月庚
军。	达桂四月甲
军。	富顺九月召。
	增祺四月丙
办大臣为办事大臣，驻阿尔泰。	光绪三十一

未卸。胡孚骏暂护。六月辛未，延祉迁。庆恕代。
酉调。连魁科布多参赞大臣。 锡恒
未迁。延祉库伦办事大臣。
午迁。乙未，溥颋察哈尔都统。
己卯迁。延杰热河都统。
戌迁。长庚伊犁将军。广福署。
戌留京。马亮乌里雅苏台将军。
寅召。程德全署黑龙江将军。
达桂署吉林将军。
午忧免。赵尔巽盛京将军。廷杰署。六月丙寅，
年乙巳

	有泰十月癸未召。联豫驻藏办事
	庆恕
	安成
	连魁 锡恒
	奎焕
	延祉
	溥颋九月乙卯迁。松寿察哈尔都
	廷杰
	贻谷
	长庚 广福仍署。
	马亮
	程德全
	达桂
赵尔巽任。	赵尔巽
	光绪三十二年丙午

大臣。	联豫
	庆恕
	安成五月甲午病免。扎拉丰阿塔尔巴
	连魁 锡恒
	奎焕
	延祉
统。	松寿正月壬子迁。诚勋察哈尔都统。
	廷杰
	贻谷
	长庚
	马亮
	程德全三月己亥，改设黑龙江巡抚。丙
	达桂三月己亥，改设吉林巡抚。五月庚
	赵尔巽三月己亥，改盛京将军为东三
	光绪三十三年丁未

哈台参赞大臣。

辰，德全改署巡抚。

子，达桂卸。

省总督，兼管三省将军事务。五月壬辰，赵尔

	联豫
	庆恕
	扎拉丰阿
	连魁四月辛巳迁。溥頲署科布多参赞大
	奎焕
	延祉
	诚勋
	延杰
	贻谷四月乙卯革逮。信勤署绥远城将
	长庚
	马亮四月己卯迁。堃岫署乌里雅苏台
巽卸。	
	光绪三十四年戊申

	川滇边务大臣	赵尔丰
臣。锡恒	驻藏办事大臣	联豫
	西宁办事大臣	庆恕
	科布多办事大臣	锡恒
	库伦办事大臣	延祉十
	塔尔巴哈台参赞大臣	扎拉丰
	科布多参赞大臣	溥锏
军。胡孚宸护。	乌里雅苏台参赞大臣	奎焕十
	察哈尔都统	诚勋八
将军。	热河都统	廷杰八
	乌里雅苏台将军	堃岫
	绥远城将军	信勤
	伊犁将军	长庚五
	宣统元年己酉	

	赵
	联
	庆
	锡
月戊子免。三多署库伦办事大臣。	三
阿	扎
	溥
月丙戌留京。荣恩乌里雅苏台参赞大臣。	荣
月迁。溥良察哈尔都统。	溥
月迁。诚勋热河都统。	诚
	堃
	信
月甲寅迁。乙卯，广福署伊犁将军。	广
	宣

尔丰

豫

恕

恒七月卒。忠瑞科布多办事大臣。

多

拉丰阿五月卒。丙寅，富勒浑塔尔巴哈台参

铜

恩

良

勋

岫九月乙巳迁。奎芳乌里雅苏台将军。

勤九月乙巳免。堃岫绥远城将军。瑞良暂署。

福

统二年庚戌

	赵尔丰三月迁。王人文川
	联豫明年三月，藏番陷布
	庆恕
	忠瑞七月辛巳免。桂芳代。
	三多十月辛未，库伦独立，
赞大臣。锡恒兼署。	富勒浑
	溥锏七月病免。萨荫图代，
	桂芳十一月，乌里雅苏台
	溥良十月己酉免。黄懋澄
	诚勋正月迁。辛酉，溥颋热
	奎芳
	堃岫十一月去职。
	庆福正月迁。庚申，志锐伊
	宣统三年辛亥

滇边务大臣，未任。八月戊午免。赵尔丰代，未
达拉，去职。

延年护。科布多办事大臣。
三多去职。

未任。

附哲布尊丹巴，去职。

署。九月癸未，冯国璋察哈尔都统。何宗莲署。

河都统。九月庚寅召。锡良热河都统。

犁将军。十月癸丑殉。

任，
殉。